Denke NEU und werde reich
-
Eine völlig andere Art Wirtschaft

Thomas Masse

Für jene 99% von uns, dich sich immer wieder,
Tag für Tag,
von unserer kriminellen „Elite" berauben,
heimlich plündern lassen, und trotzdem
arbeiten, Dinge erschaffen, neues aufbauen, die
Zukunft gestalten – und warum auch immer,
dabei nicht aufgeben.

Inhaltsverzeichnis

Einleitung..8
Naturgesetze der Wirtschaft...8
Knappheit...9
Produktion 9
Tausch...10
Angebot und Nachfrage...
Gerechtigkeit..13
Recht 13
Vorläufer der Regierungen – Verbrecher 14
Totalitäre Entwicklungen...18
Staat und Steuern..20
Spenden, Gebühren und Staatswesen...........................21
Monopolbildung kontra Angebot und Nachfrage......21
Enteignung...22
Unterschied zwischen „Besitz" und „Nutzung".........23
Tauschmittelersatz – Geld...23
Zins und seine Entstehung 25
Fortschritt / Entwicklung..26
Gleichgewicht, die Mitte, Yin-Yang, ...35
Synthese – These- Antithese 35
Enteignungssysteme - Wer dazu gehört!....................42
Prinzipien, die Enteignungssysteme unterstützen:....44
1. Produktion befriedigt Bedürfnisse, Beschäftigung/ Diebstahl
erzeugt Knappheit!...44
Prinzip Nr. 2: Was „umsonst" sein sollte, wird von uns 99% am
teuersten bezahlt...46
Prinzip Nr. 3: Exponentielles Wachstum.....................47
Prinzip Nr. 4: Teile und herrsche..................................54
Prinzip Nr. 5: Ursachenbeseitigung löst das Problem,
Symptombehandlung vergrößert es..............................56
Wirkliche Reformen – Warum diese für Enteigner/
Diebe/Verbrecher immer Revolutionen sind...............57
Rechtsprechung und Reformen.....................................58
Verantwortung, die tiefere Bedeutung eines Wortes...............61
Grundlage der Lösungen: Eigen-Verantwortung 63
Reformen...64

Steuerreform 65
Wohlfahrts-, Sozial-, Versicherungsreform............................75
Geldreform...85
Mehrwertreform...97
Bodenreform..117
Rentenreform...126
Patentwesen...130
Konsum und Verbrauchsreform, oder ein neues Bau-, Kleidungs-,
Papier-, Nahrungsmittel, Kunststoff und Ölersatzmittel.......138
Spekulationsreform..147
Durchführung der Reformen...149

Zu danken habe ich den Autoren der vielen, vielen Bücher, Sachbücher, Wörterbücher, Zeitschriften, - einfach allen, die ohne ihr Wissen ihren Teil dazu beitrugen, mit einem Wort, Gedankengang, Zitat, neuen Blickwinkel, Statistiken, Zahlen und Grundlagen.

Danke!

Einleitung

In Wirtschaft geht es um die Bedürfnisbefriedigung. Grundsätzlich.
Ein Bedürfnis beinhaltet laut Definition den „Wunsch oder Notwendigkeit, einem Mangel abzuhelfen."
Dies kann alles sein, Wärme, Nahrung, dann vielleicht Unterkunft, Frau, Mann, Kinder, all jene Existenzbedürfnisse die das Leben am leben erhalten. Sind diese erfüllt, und diese sehen für die meisten von uns recht ähnlich aus, folgen vielleicht Grund,- kulturelle, dann vielleicht luxuriösere Bedürfnisse, Wünsche. Allein abhängig von der Produktivität verschieben sich diese, war ein TV-Gerät Anfang der 50er eine Art Luxus im kulturellen Bereich, gilt diese Unterhaltungselektronik bei manchen heute als Grundbedürfnis. Es gibt an allem ein mögliches „zu wenig", auch ein „zu viel von etwas" ist möglich.
Mangel ist Knappheit. Nahrung, Wärme, Raum, Gesundheit und endlos so weiter; ein Mangel an diesem oder jenen wird Aktionen erfordern um diesem Mangel abzuhelfen.

Naturgesetze der Wirtschaft

Als grundlegendes Gesetz kann gesagt werden, ohne Bewegung, ohne etwas zu tun, wird kein Bedürfnis befriedigt, keine Knappheit überwunden.
Hört sich lächerlich einfach an, doch erzählen Sie dies mal einigen Politikern, oder manchen Regierungen.
Naturgesetz wird definiert als: 1. feste Regel, nach der erfahrungsgemäß ein Naturgeschehen verläuft, 2. jeder in gleicher Weise wiederholbare Ablauf.
Keine Bewegung, kein Tun, ist gleich nichts zu Essen, keine Kleidung, keine Wärme ist zum Schluss gleich Tod.

Bewegung + Tun, wenn richtig eingesetzt und auch abhängig von den gegebenen Naturressourcen, ergibt etwas zu Essen, Kleidung, Frau, Mann, Kinder, Familie, Unterkunft, endlos so weiter.

Knappheit

Scheitert man an Bewegung, am Tun um etwas zu bekommen, folgt Knappheit. Wird „Wissen wie etwas geht, wie man etwas macht, wie etwas funktioniert" zu Bewegung und Tun hinzugefügt, so wird es noch wahrscheinlicher die Bedürfnisse zu befriedigen.

Diese „Bedürfnisbefriedigung" geht einher mit dem psychologischen Anreiz, welcher auch wirtschaftlicher Anreiz ist, einher, wonach man mit möglichst wenig Aufwand, Bewegung, Tun, möglichst viel erreichen will. Auch als „ökonomisches Prinzip" bekannt.

Es existiert geschichtlich wahrscheinlich kein Wort wie „Knappheit", das derart viel Anreiz für den Menschen gab, um eben genau **nicht** in diesen Zustand zu geraten.

Knappheit ist Mangel, Seltenes, Unterliegen, Hunger, Kälte, Verlust, Apathie, Pleite, Schulden, Tod, aber auch Anreiz, Ansporn, Peitsche: Antrieb, um von diesem Zustand wegzukommen.

Produktion

Wenn der einzelne oder die Gruppe sich mit Wissen bewegt und Dinge tut, um von dieser anscheinend immer lauernden Knappheit wegzukommen in Richtung Bedürfnisbefriedigung, Überfluss, am liebsten richtigen Wohlstand, wird laut Geschichte nach und nach versucht, den Zufall, das Glück bei der Jagd, der Suche nach Essbaren durch vorhersagbarem auszutauschen.

Halten von mehreren Tieren, Ackerbau, Brunnen, fester Wohnsitz sind solche Dinge, wo der einzelne, die Familie, die Familie in etwa weiß, wann, wo und wie viel zu Essen, zu Trinken und wo es warm ist, „gefunden" werden kann. Der Zufall, das Glück spielt dann weniger eine Rolle, ab diesen vorhersagbaren Produkten konnten die Menschen wohl erstmalig Tage, Wochen, Monate, teilweise Jahre in die Zukunft schauen.

Zukunft lässt im wirtschaftlichen den einzelnen, die Familie, die Gruppe also in etwa Ergebnisse, Produkte vorhersagen.

War zuvor Glück und Zufall der Maßstab, im Grunde eine Art Chaos, ist nun Ordnung hinzugefügt wurden.

Wurde nun „Wissen wie etwas geht, wie man etwas macht, wie etwas funktioniert" immer konsequenter angewendet, waren die bloßen Existenzbedürfnisse nicht mehr der Maßstab wie gut man lebte, nun konnte man aktiv an den Grund,- Kultur,- und auch den kleinen Luxusbedürfnissen, diesen Wünschen oberhalb der bloßen Existenz, heran gehen.

Tausch

Wurde die zukünftige Vorhersage nicht gestört, war hier wohl irgendwo der Punkt, das Mehrproduktion erzeugt werden **konnte**!
Irgendwo hier war wohl auch der Punkt, wo einzelne Individuen Wissen in ihrer eigenen Produktion anwendeten, um daraus Dinge zu erschaffen, die andere nicht erzeugen konnten.
Und je nachdem, wo sich die einzelne Gruppe niederließ, war wohl auch entscheidend, was an Naturressourcen vorhanden war, saftige, oder trockene Wiesen, Anzahl vorhandener Raubtiere welche die gehaltenen Tiere fraßen usw.
Der schürfte vielleicht Gold, grub nach Eisen, die anderen erzeugten mehr Tiere als diese zur Existenz benötigten.
Irgendwo hier hatte der eine wohl mehr von etwas, das er selbst benötigte.
Und irgendwo hier wurde vielleicht 4 Schafe gegen einen kleinen Goldring getauscht.
Nun war der Tausch im persönlichen Wert noch nahe 1:1, noch war der Tausch freiwillig, noch war der Tausch – Zufall und Glück.
Keine Garantie, ob derjenige, der letztes Jahr einen Goldring tauschte, auch dieses Jahr einen tauschen würde.
Noch war wirkliche Freiheit vorhanden, Dinge zu erzeugen wo man wollte, wie viel man wollte, wann man wollte und man konnte entscheiden, ob man diese tauschte, mit wem man tauschte.

Angebot und Nachfrage

Um diesem unangenehmen „Ding" Knappheit zu entkommen, konnte der einzelne durch seine Bewegung, seinem Tun vielleicht Nachfrage auf die Naturerzeugen, ab der nun jedoch vorausschauend, zukünftigen Produktion jedoch, musste erst das Angebot erzeugt werden, bevor jemand anderes, eine andere Familie oder Gruppe diese nachfragen konnte. UND, es musste, wenn überhaupt gewollt, mehr Angebot von dieser Produktion erzeugt werden.
Wahrscheinlich war der Wunsch nach Abwechslung, vielleicht auch schon Status ausschlaggebend, um unbedingt etwas haben zu wollen, das z.B. ein Hersteller von Musikinstrumente, der Goldschmied, oder 50 Kilometer entfernt an seltenen Honig vom Imker zu bekommen war.

Nun hatte man seine eigene vorhersagbare Produktion und musste diese im Angebot erhöhen um bei obigen dreien nachfragen zu können.
Es war noch alles im Zustand von …

Gerechtigkeit

… das Tun, die Produktion war freiwillig, nach eigener Entscheidung.
Tauschen war freiwillig, im Rahmen des eigenen Wertmaßstabs gab mein Angebot her gegen Nachfrage und beide Werte waren etwas gleich hoch. 1:1.
Obiges ist natürlich ein typisches Ideal. Nichts weiter.
Gerechtigkeit bedeutet, kommend vom althochdeutschen kommen, „gerade". Jemand hat ein Erzeugnis und geht damit direkt, gerade, zu jemand anderen. Tauschen diese beiden, hat dieser „gerade" Weg beiden keinen Verlust, hat beiden 100 % Ihres Wertes des Produkts gelassen.

Recht

Wo Gerechtigkeit oder übereingestimmte Gesetze nicht mehr eingehalten wurde, musste die Gruppe oder der Anführer diese wieder herstellen, was Recht genannt wurde.

Wir werden heute zwar im Namen der Wirtschaft belogen, verraten und direkt oder heimlich beraubt, doch wenn jemand zu offensichtlich vorgeht, der gewöhnliche Verbrecher, der Kriminelle, dann versucht Recht diesen wieder auf „den Pfad der Gerechtigkeit" zu bringen, meistens erfolglos.

Vorläufer der Regierungen – Verbrecher

Dieb in seiner vereinfachten Bedeutung, ist nehmen ohne zu geben.

Da gibt es also die produktiven Familien, Gruppen, Siedlungen, und Dörfer und es gibt den Dieb und Verbrecher.

(Dieb und Verbrecher werden hier als Synonyme genutzt, der „Dieb" stiehlt „nur" etwas, nimmt der verursachte Schaden daraus überhand, wird dessen Tun chronisch, wird dieser zuvor kleine Dieb juristisch als Verbrecher bezeichnet.)

Die einen wollen etwa gleichviel geben wie sie bekommen, die anderen wollen nichts geben und etwas oder alles bekommen.

Da gibt es jene, die ein Angebot produzieren und andere die eine Nachfrage im Tausch 1:1 durch andere Produkte danach haben und jene, die diese Produkte nicht haben, da sie diese zuvor nicht produzierten.

Während die vielen also ihre und andere Bedürfnisse befriedigen durch Produktion, Ware, und diese durch Wissen, Tun und Bewegung zustande kamen, kommt nun der Dieb, Kriminelle, Verbrecher in Spiel. Keine Ware. Dieser nimmt sich nun die Ware und befriedigt Bedürfnisse – seine eigenen, und zwingt jene Produktiven zurück in Zeiten der Knappheit, zurück in Zeiten, wo man nicht wusste, wovon man die nächsten Tage leben sollte.

Somit stiehlt der Verbrecher nicht nur die Ware, sondern auch im gewissen Ausmaß die Zukunft der bestohlenen.

Nun sind die Produktiven von Glück und Zufall weggekommen, nachdem Sie Grund, Boden, Fläche, gewisse Quadratmeter nutzen, wodurch diese erst diese Zukunft aufbauen konnten.

Nimmt nun der Verbrecher diese X-Quadratmeter, so bekommen die Produktiven natürlich außerordentliche Knappheit, einen Mangel, wo diese sich wünschten, der Verbrecher hätte nur die Tiere und die Ernte gestohlen.

Somit haben wir dann, wenn durch die Zeit alles Land herum ebenso beackert, bearbeitet, erhöhte Produktion aus diesen Flächen erzeugt wurde, einige ehemalige Produktive mit einem ziemlichen Problem.

Sie können nicht wirklich zurück in die Zeit von Glück und Zufall wo man etwas Jagd oder einige Äpfel vom Baum holt, da andere die Flächen nutzen, können aber auch nicht auf das eigene genutzte Land, wo diese Glück und Zufall loswurden und gut leben konnten und nach eigenem Wunsch tauschen.

Somit bringt der Verbrecher ein ziemliches Ausmaß an Ungerechtigkeit in den betroffenen Bereich.

Irgendwo da, war Recht gescheitert und hat es bis heute.

Somit ist das „Tun" des Verbrechers „ansteckend" durch Mangel an Alternativen. Die bestohlenen, die sich weder direkt an den Naturressourcen, da alles besetzt ist, und auch nicht durch eigene vorausplanende, zukünftig ausgerichtete Produktivität ernähren dürfen, können diese Mangel an Alternativen ebenfalls zu Verbrecher werden lassen. Es ist eine Art selbsterfüllende Prophezeiung.

Es **muss** sich nicht so entwickeln, die Praxis zeigt jedoch, das es so passiert.

Verbrecher erzeugen praktisch ihre eigenen Kinder durch Erzeugung von Mangel.

Man hat Bedürfnisse, und kann man oder darf man sich nicht um die eigene Existenz sorgen, ist man psychologisch gesehen ziemlich am Arsch. Während die Produktivität mit genug Bewegung, Tun und Wissen die Existenz-, Grund-, Kultur- u.a. Bedürfnisse erfüllen und man etwas in die Zukunft schauen könnte, erzeugt der Mangel an Möglichkeiten in Bewegung, Tun und Wissen erheblichen Mangel überhaupt etwas zu erschaffen.

Der Verbrecher aus eigenen Antrieb und der „unfreiwillige" Verbrecher, beide wollen wie jeder ihre Bedürfnisse befriedigen. Kann oder darf nicht produziert werden, wird zwangsläufig das nehmen von Erzeugnissen anderer. Nun will ja jeder Gerecht sein, der Verbrecher weiß wahrscheinlich, dass er es nicht mehr ist, er weiß auch, dass möglicherweise auf ihm Recht angewendet werden könnte. Somit zwingt ihn die äußerst ungewisse Zukunft (es könnte ja jeden Tag vorbei sein), möglichst viel zu stehlen.

Doch was ist der beste Diebstahl, das zu stehlen, was Tag für Tag, Woche für Woche, Monat für Monat, Jahr für Jahr diese Erzeugnisse die er zuvor stahl, hervorbringt? Grund und Boden.

Während es mit dem Verbrecher in Sachen Gerechtigkeit bergab geht, begeht er nun „intelligente" Verbrechen. Er stiehlt immer noch Erzeugnisse anderer, doch auch zur Produktion vorbereitete Flächen samt Haus und Hof. Somit, wenn er die Bewohner verjagt oder ermordet hat, hat er für sich eine Art Zukunft.

Nun ist er an die Erzeugnisse ohne Produktivität gekommen, da er von seinem „Tun" lebt, kann er diese „Tun" ausweiten.

Hier bekommen wir die Grundlagen von Großgrundbesitz und Landbesitz, hier bekommen wir erzeugte Ungerechtigkeit Quadratkilometerweise. Entweder werden die Produktiven ihrer Erzeugnisse beraubt, oder man raubt ihnen alles.

Nun müssen diese leben. Gibt es schon genug Verbrecher und ist der zu raubende Kuchen an Erzeugnisse, Land und Boden schon aufteilt, was soll man tun?

Man darf und kann weder einfach jagen, fischen oder Obst und Gemüse vom Baum nehmen, da der Boden irgendjemanden gehört, ebenso darf man nicht selbst diese Dinge auf eigene Quadratmeter Boden durch Bewegung, Tun und Wissen erzeugen.

Aus ehemaliger Freiheit mit erzeugten Angebot nach Wahl, geht der Weg nun in die erzwungene Erzeugung, in die erzwungene Produktion auf Grund und Boden welches einem nicht gehört, womit einem auch nicht mehr seine Erzeugnisse gehören.

Hier etwa haben absolute Enteignung, die Folge von Privatbesitz an Existenzgrundlagen wie Grund und Boden, hier bekommen wir ehemalige Verbrecher als Grund und Bodenbesitzer, hier bekommen wir ehemalige Verbrecher die Recht sprechen, da diese nun „Recht" sind, hier bekommen wir Ungerechtigkeit im Maximum, und hier bekommen wir den Leibeigenen, der auf Gnade und Recht seines Eigentümers, seines Besitzers angewiesen ist.

Und … hier bekommen wir stolze Persönlichkeiten, die sich zukünftig Gutsbesitzer, Fürsten, von und zu … , Eure Hoheit, von Gottes Gnaden, Freiherr, Ritter, Graf, König und solche Titel, benenn dürfen.

Kein Gedanke an Erzeugnisse, Produktivität, denn diese werden von den ehemals freien, den ehemals unabhängigen geschaffen. War der Tausch mal 1:1, ist dieser Tausch nun Willkür. Keiner dieser ehemals freien und unabhängigen wird all seine Erzeugnisse behalten dürfen.

Nun kommt, obwohl diese wieder Grund und Boden bewirtschaften, wieder Glück und Zufall in Form der jeweiligen Laune des Besitzers ins Spiel. Glück, wenn diese nur 10 % wollen, Pech, wenn diese für anstehende Eroberungen die Hälfte und mehr wollen.

Vielen die verbrecherischen Vorgänger dieser Persönlichkeiten über Ihre produktiven Nachbarn her, fallen nun diese Persönlichkeiten über das Eigentum andere Persönlichkeiten her, was per Geschichte Krieg oder Kriege genannt wird.

Tun sich diese Persönlichkeiten zusammen, wenn sie sich aufgrund ihrer Gemeinsamkeiten in Sprache, Kultur, Religion verstehen, bekommen wir deren kriminelles Recht auf breiter Ebene, auf so und so viele Quadratkilometer, und haben eine Regierung, Staat, oder Königreich.

Regierung bedeutet in seiner Herkunft zwar lenken und leiten, regieren im Wahrig jedoch „herrschen, gerade richten, lenken" in seinen Definitionen „Ausübung der Herrschergewalt" und auch „beherrschen, leiten, lenken.

Etwa ab diesem Moment gibt es Recht als Schutz. Durch die unfreiwilligen Abgaben, selbst aufgebraucht von den Produktiven, werden diese vor jenen aus ihrer ehemaligen Mitte geschützt, die weder jagen, Äpfel vom Baum pflügen, sich mit Glück und Zufall durchs Leben kämpfen und auch nicht Fläche X bepflanzen, Tiere halten dürfen – sich selbst frei und unabhängig versorgen dürfen, geschützt.

Gäbe es diese Personen, aus welche sich die Regierung zusammensetzt nicht, so gäbe es diese Verbrecher aus der Mitte nicht. So erzeugt Regierung Verbrechen, indem deren „Elite" aus Verbrechern per Recht und Gesetz Knappheit für immer am Leben erhält und die ehemals freien und unabhängigen selbst dafür bezahlen lässt, dass diese geschützt werden. Nur, eben nicht vor der „Elite", sondern vor ihresgleichen.

So geht das offensichtliche kriminelle außer Sichtweite des normalen Produktiven. Der offensichtliche Diebstahl seiner Produktionsfläche und seiner Erzeugnisse ist Bestandteil seines Lebens. Nun wird dieser das System unterstützen, welches seinen unfreien und besitzlosen Zustand, die wenigen Erzeugnisse die er behalten darf, schützt.

Die „Elite" wissend ihrer Verbrechen, wird zu autoritären Gehabe neigen. Der Verbrecher weiß immer um seine Verbrechen und lebt immer in Angst, erwischt zu werden. Somit benötigt dieser eine Rechtfertigung für sein Tun. Von Gottes Gnaden war Jahrhunderte lang eine der Rechtfertigungen, der Stärkere wird überleben eine weitere. Wo diese und andere nicht ausreichten oder ausreichen, wird Gewalt, unterstützt durch Recht und Gesetz, eingesetzt.

Somit bekommt die Ansammlung von Tausenden, Hunderttausenden oder Millionen ehemaliger freier und unabhängiger Produzenten, welche sich nun Staat, Nation, Regierung nennen darf, neben den Zwang gewisse Erzeugnisse produzieren zu müssen für den direkten Besitzer, nun Forderungen des Konstrukts Namens Staat, Nation oder Regierung.

Totalitäre Entwicklungen

Die Verbrecherelite, welche die Millionen von Produzenten besitzt, von diesen Abgaben unterschiedlicher Höhe fordert, hat Ihren Einfluss überwiegend im Radius gleicher Kultur, besonders der gemeinsamen Sprache.

Der Verbrecher, der seine Verbrechen in der Regel nicht sein lassen kann, stiehlt auch, wenn er das ins Auge gefasste nicht benötigt.

Nun haben wir hier König, genant XY. Dieser hat nie etwas brauchbares Produziert, vom Tauschen nie gehört. Nun ist neben seinem Eigentumsland ein anderes Land, dessen Eigentümer den Produzenten etwas mehr Freiheit geben, oder die das Glück haben, auf besonders nahrhaften Boden zu wirtschaften oder besonders seltene Erzeugnisse leichter abbauen zu können.

König XY und seinen verbrecherischen Freunden reichen seine Millionen unfreien und deren Erzeugnisse nicht, es soll nun auch das Nachbarland sein.

Während früher König XY und Kollegen selbst noch die freien und unabhängigen bestahl, sollen diese harte Arbeit nun andere machen.

Somit kommt Krieg, mit Krieg kommen Waffen ins Spiel.

Nun darf der kleine ehemals freie Mann, seine „Sicherheit" durch Abgaben an seine Besitzer erkaufende, aufgeben gegen totale Unsicherheit und sehr begrenzte Zukunft im Kampf gegen erfundene Feinde opfern.

Nun bekommt Staat, Nation, Regierung etwas heroisches, aufopferungsvolles, für nix und wieder nix. Jetzt, wo der kleine Mann nicht einfach nur Besitz und Lieferant seiner Elite ist, sondern dieser selbst nun neuen Besitz mit seinem Ableben erkauft, wird dieser als Eigentum nun zum neuen Eigentumserschaffer.

Trotzdem, durch den neuen Faktor Krieg und Waffen, muss die Elite genauer aufpassen was im Kopf des Eigentums vor sich geht.

So muss eine Bevölkerung, die neue Einnahmen für Ihre Elite anschafft, besser kontrolliert werden.

Somit muss Recht und Gesetzt gestraft werden, alles was das einfache Denken fördert unterstützt, was Denken über den Tellerrand ermöglichen könnte, unterdrückt, bestraft und verboten werden.

So hält sich die Elite. Sie steuern ihr Eigentum durch Diebstahl, aufgezwungene Nachfrage und Kontrolle darüber, wie und was dessen Eigentum zu denken hat.

Ist die Regierung in Hand einer „Elite", deren Grundlage ein Verbrechen ist, ist Kommunikation, Kommunikationsverbreitung, freie Religion jeglicher Art, ein Dorn im Auge.

Es sei den, die Herkunft dieser Kommunikation oder Inhalt der Religion ist unter deren Kontrolle. Somit bekommen wir Zeitungen, Nachrichten, deren Quelle immer die selbe ist, deren Quelle an Nachrichten selbst kontrolliert wird. Mehr Polizei, eine stehende Armee. Religion die eigentlich befreien soll, wird umgewandelt in eine, die Sklaventum sichert. All solche Dinge um das Eigentum der Elite zu erweitern oder sicher zu stellen, dass das vorhandene deren Eigentum bleibt.

Und Kommunikation von falscher Quelle (Zeitungen, Nachrichten) kann Recht und Gesetz durch Lügen erzeugen und wird das Gefüge festigen indem es vorgibt „aufzudecken", in Wirklichkeit die Entdeckung des Verbrechers be - und verhindert.

So bekommt die produktive Bevölkerung nun erst recht jene Dinge, die diese erst in den Zustand der Enteignung gebracht hatte.

Standen der ehemals freie, unabhängige, der für sich selbst oder im 1:1 Tausch lebende Produktive untätig bei der Enteignung seiner Nachbarn anbei, hatte dieser selbst keine Hilfe, als er selbst an der Reihe war enteignet zu werden, so fordert und unterstützt dieser nun, indoktriniert durch Lügen seitens Kirche und Medien, weiterhin seine eigene Enteignung.

Staat und Steuern

Der Unfreie, das produzierende Eigentum Mensch, konnte sich Jahrhunderte zuvor durch Wissen, Tun und Bewegung aus Glück und Zufall befreien, indem dieser bestimmte Naturressourcen wie Fläche, Tiere, Rohstoffe nutzte und seine Zukunft gestaltete.

Er gelang damals in den Bereich der Technik, des Know-hows, der kleinen Verbesserung von Produktionsmethoden um aus Einsatz von wenigen, mehr zu machen.

Wenn ihm nun nichts mehr gehört, warum irgend etwas verbessern?

Seine Eigentümer, die Gruppe der Regierung, bekommen ihren Teil, man weiß einfach, wenn man fleißig war, nehmen diese mehr von den Ergebnissen. Als Eigentum kann man auch keine Ersparnisse, kein Vermögen, keine Zukunft anhäufen. Und wo keine Zukunft, da herrscht die Gegenwart. Was passiert morgen oder übermorgen mit dem wenigen das ich habe?

Knappheit, obwohl man produziert.

Spenden, Gebühren und Staatswesen

Obiger Aufbau eines Staates, einer Regierung oder Nation erzeugt also Knappheit, indem die Produktionsgrundlage Grund, Boden, die Werkzeuge zu deren Bearbeitung und der diese Werkzeuge benutzt, wenigen, einer „Elite" gehört.

Es ist Zwang, unfreiwillig, Unfrei, ohne Wissen warum man in diesem Zustand lebt, ist es Schicksal, Glück und Zufall.

Die Abgaben sind Zwang, wer von der Elite diese Gebühren nennt, ist schon etwas schlauer. Die Definition dafür ist natürlich Rechtfertigung.

Wer würde freiwillig etwas spenden? Wohl niemand der ganz bei Trost ist.

Monopolbildung kontra Angebot und Nachfrage

Diese Herrschaft der „Elite", getarnt durch Regierung erzwingt also Produktivität durch Nachfrage nach zu produzierenden oder schon produzierten Angebot.

Die Nachfrage kann alles bis zum Existenzminimum der Betroffenen ausmachen, haben diese Glück, nur die Hälfte, haben diese richtig Glück, vielleicht 10%.

Der Staat, die Regierung produziert zwar nichts, doch ist diese ein Monopollist in der Nachfrage.

Die ehemals freien Produktiven können untereinander tauschen, doch da diese nicht wissen, was demnächst genommen wird, können diese sich 1:1 nicht mehr erlauben. Es muss „professionell" gehandelt werden. Je mehr man für sein Erzeugnis bekommt, um so besser.

Taucht die Regierung selbst mit den zuvor gestohlenen Erzeugnissen als Anbieter günstiger Anbieter auf, werden jene die diese Regierung unfreiwillig belieferten, mit ihrer eigenen Ware im Tausch noch weniger erhalten können.

So erzeugt die „Elitenregierung" noch mehr Armut als deren Eigentümer grundlegend schon verursacht hatten.

Durch begünstigte Umstände wird irgendwo hier der Händler geboren. Jener Mensch, der billigst Angebote nachfragt um diese dann möglichst teuer an nachfragende anzubieten.

Enteignung

Müssen die produktiven Unfreien „nur" prozentual von Ihren Erzeugnissen an die Besitzer abgeben, so ist noch etwas Vorhersage vorhanden, doch 10 % von 2/3 weniger Ernte zum Vorjahr, kann verhungern bedeuten.

Will die Elitenregierung ihre eigenen Einkünfte vorhersagbar machen, nimmt diese nicht mehr Prozent, sondern Menge pro Einheit.

Ein verregneter Sommer mit viel zu geringer Ernte, und Tausende, Hunderttausende Produktive stehen nun in der Schuld ihres Herrn.

Waren diese zuvor „nur" Unfrei, Eigentum von jemanden, durften mit ihresgleichen Tauschen, waren diese nun wirklich unfrei, Eigentum, Sklaven durch Schuld auf Produktionserlöse in der Zukunft.

Die Produktion in der Zukunft, welche zuvor schon nicht wirklich vorhanden war, war nun schon mit Abgabe belegt.

Ein Zustand, welcher wohl nie zuvor bekannt war.

Nun ist er unfrei, muss produzieren, die Zukunft ist beraubt und für noch mehr Willkür seitens des Besitzers ist Tür und Tor geöffnet.

Ihm kann, obwohl schon nicht frei, alles genommen werden um sein Haus, Hof, den Grund und Boden an andere zu geben, die „es besser machen können", „fleißiger" sind, sich „nichts zu schulden kommen lassen".

Unterschied zwischen „Besitz" und „Nutzung"

An dem Punkt, wo Verbrecher statt „nur" Erzeugnisse zu stehlen, anfingen Haus, Hof und Grund und Boden zu stehlen, war ohne Recht und Gesetz das beackern, das halten von Tieren auf Fläche X eine einfach Nutzung, ein benutzen von etwas, ein benutzen vorhandener Naturressource.
Verbrecher machten daraus Besitz, später gerechtfertigt durch Urkunden, verbrieft durch Recht und Gesetz, welches diese Verbrecher selbst erschufen.
Konnte bei Nutzung die Örtlichkeit wo man wohnte, wo man produzierte noch relativ frei entschieden werden, sorgte jeder Quadratkilometer Besitz für weniger Möglichkeiten.
Besitz sorgte also von Anfang an für Schwierigkeiten, Verbrecher die dies Schwierigkeiten erzeugten, „produzierten" Lösungen für ihre selbst hergestellten Schwierigkeiten, womit eine Vielzahl von Gesetzen, Verordnungen, Behörden, Verwaltungen erzeugt wurden.
Der Grund der Schwierigkeiten verschwand mit jedem Gesetz, mit jeder Verordnung, jeden Krieg gegen… , mehr außer Sichtweite.
War das Leben mal einfach, wurde es kompliziert.
Wurde jedoch überlebt, war es einzig und allein den vielen, vielen kleinen Produzenten und ihrer Erzeugnisse zu verdanken.

Tauschmittelersatz – Geld

Irgendwann tauchte Gold auf, kunstvoll bearbeitet, konnte es als Schmuck getragen werden.
Solange nur für sich selbst Produziert wurde, hatte es keinen Wert, außer

einen optischen. Man konnte es nicht Essen, nicht als Werkzeug benutzen.

Produzierte man mehr als man verbrauchen konnte, entstand der Tausch. Ware gegen Ware. 1:1 wo immer möglich.

Wurde noch mehr Produziert und durch kleinere Techniken mehr und mehr Angebote verschiedenster Art angeboten, wurde der Tausch schwieriger.

Übernahmen Verbrecher die Erzeugnisse, später die Produzenten selbst mit ihrem Grund, Boden und Werkzeugen, wurde der Tausch nochmals schwieriger. Verbrecher/Eigentümer konnten Vermögen anhäufen an Erzeugnissen, doch diese konnten nicht mehr Essen als sie konnten, konnten Leute zum „Schutz" für die Bevölkerung und Leute für ihren eigenen Schutz in Naturalien entlohnen, mit diesen korrumpieren, wo immer es ging, die begrenzte Speicherkapazität dieser verderbliche Erzeugnisse war ein Problem.

Nun gab es Goldschmiede, Enteigner konnten sich Gold kaufen.

Verloren enteignete verschuldete Produktive deren Lebensgrundlagen völlig, standen diese für Tätigkeiten aller Art zur Verfügung, auch um Gold, Silber, Kupfer zu schürfen.

So erschien immer mehr Gold. Enteigner konnten nun, statt einfach auf Erzeugnisse aus Ihrer Besteuerung aus ihrem Besitz zu warten und mit diesen kompliziert zu bezahlen, viel angenehmer mit Gold bezahlen. So blieb Gold als Zahlmittel erst mal bei dem Enteigner und bei seinen „Freunden", die ihm halfen sein Eigentum zu behalten und/oder es zu vermehren.

Diese Freunde, längst dem „Pöbel" entronnen, zu Ansehen im Dienst des Enteigners aufgestiegen, konnten nun selbst vom komplizierten Tausch lassen, und mit Gold zahlen.

Ein Ersatz für Erzeugnisse, Waren aller Art kam in Umlauf, erzeugt durch Enteignung und den Vorteilen für wenige daraus.

Verbrecher haben immer Angst vor Verbrechen, so muss Ihr Gold beschützt werden.

In „Alles über Geld" vom Bankenverlag e.V. steht, das Goldschmiede in London irgendwann anfingen, nicht nur Gold zu schmieden, sondern auch darauf aufpassten, es bewachten.

Irgendwann, so die Legende, viel diesen Goldschmieden auf, das dessen Besitzer es länger als Vereinbart liegen ließen.

Mag man eine Zusage „ich passe auf" vertraglich zugesagt haben, so macht Gelegenheit Diebe, wie man so schön sagt.

Warum nur Gebühren für Wache halten bekommen, wenn man mit dem unnütz rumliegende Gold doppelt verdienen könnte?

Zins und seine Entstehung

So mag sich der Logik und „überlieferten" Geschichte nach, das verleihen von Geld entwickelt haben. Wer brauchte Geld?
Natürlich jeder. So kam Geld als Tauschmittel immer mehr in Verbreitung.
Jene Produktiven, welche sich in die Zukunft mit Haus, Hof und Ernte verschuldeten, weil sie Forderungen nach Menge X ihrer Erzeugnisse nicht erfüllen konnten, brauchten es besonders.
Somit konnte Schuld mit Geld bezahlt werden. Doch Gelegenheit macht Diebe, vom Wächter durch bewachen, nun zum Geldverleiher aufgestiegen, konnte etwas verlangt werden. Geld für Geld.
Eine Gebühr, der Zins.
Der Produktive konnte sich aus seiner Verschuldung in Naturalien im nächsten Jahr, **jetzt** mit Geld von seinem Besitzer, Enteigner, Verbrecher freikaufen, dieser eigentlich vom Goldschmied betrogene Besitzer erhielt womöglich sein „eigenes" Geld zurück, welches er zuvor dem Goldschmied überlassen hatte.
Also kann man sagen, entsteht Zins durch Verbrecher, die den Produktiven Grund, Boden, Werkzeugnisse und Arbeitskraft stehlen, dadurch reich werden, den Reichtum bewachen lassen, die Wächter das zu bewachende in illegal in Umlauf bringen und dafür eine Belohnung erhalten wollen.
Ein Kreislauf des Verbrechens also.
Der Besitzer des Goldes/Geldes arbeitet nun als Verbrecher mit dem Besitz des anderen Verbrechers.
Wahrscheinlich ist im obigen Ablauf erstmalig in der Geschichte ein gewisser „verwaltungstechnischer" Ablauf selbst ein Verbrechen.
Zwang kann Produktivität verhindern, wenn für die Betroffenen keinerlei Zukunft ersichtlich sein mag.
Doch kann Zwang, welcher nicht direkt als solcher erkannt wird, Produktivität erhöhen.

Fortschritt / Entwicklung

Der ehemalige Produktive, nennen wir ihn „Bauer", der mit seinen Erzeugnissen vom nächsten Jahr schon verschuldet war, konnte nun durch das geliehene Geld seine Zukunft wieder rosiger gestalten.

Jetzt war er frei, je nach Vereinbarung jedoch, musste dieser nun zusehen, die Rückzahlung zusammen zu bekommen.

Dies erforderte Mehrproduktion.

Schaffte er diese nicht, konnte der Goldschmied vielleicht seinen Grund, Boden, Hof, Werkzeuge übernehmen.

Nun hatte der Bauer es nicht nur mit seinem direkten Besitzer, sondern auch noch den Goldschmied drohend im Nacken.

Entweder war er nun besonders fleißig, oder er lieh sich noch mehr Geld um eine Idee umzusetzen, oder um einen anderen Produktiven für ihn arbeiten zu lassen, in der Hoffnung, mit der Berechnung, dass dessen Arbeit die Schulden erarbeitet.

Nun werden Produzenten untereinander zu Feinden, allerdings auch zu untereinander abhängigen.

Beider Überleben ist nun von den anderen abhängig.

Der Bauer musste nun seinen Besitzer/Enteigner mit den gewohnten Erzeugnissen versorgen, vielleicht auch schon teilweise Geld statt Waren, und den Goldschmied mit dessen geliehenen Geld und Gebühren.

Er musste nun wirklich Erzeugnisse schaffen und aus diesen, wenn möglich im Tausch, Geld machen zur Bezahlung des Goldschmieds.

Die Eigentümer und ihr Reichtum erzeugen also Geld, das in Umlauf kommt und als zusätzliche Peitsche Produktivität, Erzeugnisse fordert.

Tausch, mit Gold/Geld nun einfacher, erzeugt aus der Not weitere höherwertige Erzeugnisse, diese wiederum mehr Produktivität und Erzeugnisse und mehr Tauschmittel Gold/Geld.

Spezialisierung hält hier und dort Einzug, indem Geld den Tausch der Waren leichter gestaltet.

Geschichtlich gesehen ist Spezialisierung also durch Zwang, durch Not und Geld zustande gekommen.

Die ehemaligen Enteigner, die Regierung selbst wird immer mehr mit Geld zahlen und vor allen Dingen bezahlt werden wollen.

Verbrecher, die, wie im jeden Lehrbuch gut beschrieben ist, können jedoch mit Geld nicht umgehen – da sie es nicht verdienten.

Geld zu leihen verzeiht diese Schwäche, und würde man bei reiner Produktion und einem Fehlschlag nach   diesem möglicherweise an

Hunger sterben oder jemandes Eigentum werden, ist Geld leihen die neue Alternative.

Die eingegangene Schuld durch Verschuldung wird erst später bemerkbar. Ware, Grund, Boden, Söldner, Waffen, alles lässt sich kaufen mit geliehenen Geld.

Nun kann mit dem von geliehenen Geld gekauften Grund, Boden oder den Söldnern, Soldaten, Waffen der Gegenwert in Höhe des geliehenen Geldes beschafft, geklaut, gestohlen, geraubt werden, im Idealfall einiges mehr, was einem dann zu einem Geldbesitzer werden lässt, der nicht verschuldet ist.

Scheitert man jedoch, ist man, egal welchen Stand man zuvor hatte, Eigentum des Goldschmieds, oder der später aus diesem Handwerker, Künstler hervorgegangen Bank.

Die Bank jedoch, kann mit einem Kaiser, Graf, Ritter, Bauern nichts anfangen, jedoch mit dessen Besitz.

So nehmen ehemalige, harmlose Handwerker, noch harmlosere Künstler als gescheitere Verbrecher den ehemaligen Verbrechern/Enteignern einige Quadratkilometer Land dort, einige dort, eine Burg hier, einen Landsitz dort, eine Produktionsstätte im anderen Land, mehrere Silberminen im anderen Land ab.

So haben geschichtlich Millionen kleiner Produzenten nicht aufgepasst, nicht zusammen gehalten, als diese von Verbrechern beraubt, enteignet wurden, und nun haben diese ehemaligen Diebe und Enteigner nicht aufgepasst und werden nun selbst von ihren gestohlenen Gütern, Burgen und Produktionsstätten plus deren Produktivbesitz, den Produktiven, den Bauern, enteignet.

Darum lohnt sich Verbrechen nicht.

Doch, es gibt Verbrecher, die kommen bis zum natürlichen Ableben damit durch.

Über Fugger, einem Bankier Ende des 14., Anfang des 15. Jahrhunderts und wohl ein Vorbild für jede heute existierende Bank, jeden Monopolisten, für jeden habgierigen, ist viel geschrieben wurden, auch wie dieser z.B. König Maximilian immer wieder Geld leiht, dessen Schulden in Rom zahlt, ihm monatlich 10.000 Gulden verschafft, dieses Geld wiederum aus Geldgeschäften, besonders aber aus der Ausbeutung von Silber- und Kupferminen gewonnen wird, wie Fugger von Kaufleuten abschaut, wie man ein Monopol erschafft und dieses über Kupfer erreicht, wie dieser heimlich gesetzliche Vorschriften in Ungarn-Slowakei als stiller Teilhaber unterwandert um auch dort an die Minen und dessen Erzeugnisse zu kommen, wie das Münzprägerecht, liegend beim Kaiser, ein Dorn im Auge Fuggers ist; Ware durch Waren, zukünftig lieber durch Ware gegen Geld getauscht werden soll, dass, wenn man über Silber verfügt, Kupfer an die Reihe kommen muss, da man mit diesem Silber strecken kann um noch mehr Geld daraus zu machen, wie später König Maximilian Fugger erpresst, ihm noch mehr Geld zu leihen, Maximilian sonst keine Zinsen mehr zahlen wird, Fugger sich daraufhin mit anderen Bankiers zusammensetzt, ein Konsortium bildet, um das Geld zu besorgen, als Gegenleistung erhält Fugger die Schürfrechte in Tirol. Weiter, wie die Liquidität des Hauses Fugger ursprünglich durch Anlagen von Pfarrern, Bischöfen und anderen geistlichen Führern begründet ist, wie Fugger „Graf" wird durch Zahlung von 50.000 Gulden an Maximilian und dafür die Grafschaft Kirchberg samt Nebengüter erhält, Luther auf der Bildfläche erscheint, mit seinen Thesen besonders gegen den kriminellen Ablasshandel wettert, ein Drittel von diesen nach Rom abzuführen war und Fugger an diesen prächtig verdiente und dieser Luther damit zu einem Feind Fuggers wird, wie nach dem Tod Maximilians, sein Enkel Karl durch ansammeln hoher Summen durch Fugger und anderer Banken neuer König wird, um sicherzustellen, dass die hohen Schulden, gemacht von Maximilian wieder hereinkommen, wie der Papst bei Fugger selbst verschuldet ist, Luther mehr Gehör beim Volk findet. Und weiter, aus Angst, „ ...der Kaiser könnte seine hohen Schulden bei Fugger mit Hinweis auf gewissen Sätze in der Heiligen Schrift streichen ", die aufgrund Luthers Thesen in Umlauf kommen, werden die folgenden Bauernaufstände, die sich auch gegen das römische Recht (u.a. Eigentumsrechtfertigung) und dessen Ersetzung der Dorfgerichte durch gelehrte und beamtete Richter, gegen die Überführung des von alters her freien Gemeindebesitzes in herrschaftliches Eigentum, rigoros gegen diese Aufstände durchgreifen lässt. Die Schulden des „König" Karls bei Fugger 600.000 Gulden betragen. Es in dieser Zeit Kaufleute genauso habgierig treiben wie Bankiers, und 1522 z.B. der Großkaufmann Bartholomäus Brehm sein Vermögen innerhalb weniger Jahr von 800 auf 33.000 Gulden vermehrte. Ein Monopolprozess gegen Fugger durch geheime Absprachen mit einem Beauftragten des Kaiser niedergeschlagen wurde, der Kaiser Staatseigene Gruben für 400.000 an Fugger verpachtet, Fugger aus diesen in 3 Jahren 2.200.000 herausholt. In Oberschwaben eine Bauernrevolte um sich griff, weil das Kloster Kempten zur Festigung seiner Herrschaft gewaltsam die Leibeigenschaft auf alle Untertanten ausdehnte, Zinsen nahm, im Todesfall die Hälfte der Hinterlassenschaft, von ledigen die gesamte nahmen. Dieser Fugger weiß, dass er allein nur aus seinen Bergbauunternehmen im Jahr 2,5 Millionen Gulden zieht, während eine

Bauern- und Handwerkerfamilie im Jahr vielleicht 100 verdient. Der Schwäbische Bund, eine Söldnertruppe, von Fugger zur Niederwerfung von Aufständen im Allgäu, Schwaben und in Franken bezahlt wird, 80 enthauptet, 69 die Augen ausgestochen und Finger abgeschlagen und die Rechnung für diese an Fugger ging, Bauernaufstände in Tirol einen Blutzoll von 50.000 Mann erlitten

Kommt Ihnen die Zusammenstellung nicht bekannt vor?

Wirtschaftsverbrecher sind aus Gier zu allem bereit, wenige verdienen Unsummen, für 99% reicht`s gerade zum Überleben.

Der kleine Produzierer, neuerdings unter weiterer Druck durch Geld und dessen eingebaute Schuld, bringt Händler hervor, die neben Banken, die mit Geld und im Handel tätig sind, selbst gierige Händler hervor, welche andere kleine und große Produktive ausplündern.
Immer wieder gibt es ganze Zusammenbrüche, Staatspleiten, Kriege, Plünderungen, Aufstände, doch irgendwo in dem Chaos aus Produktion, Beraubung und Verbrechen kommt eine neue Idee zur Produktion, vielleicht auch nur eine neue Einstellung hinzu und mehr kann produziert werden. Was daraus für die Produktiven übrig bleibt, ist dann abhängig davon, was dessen Enteigner, Plünderer, Besitzer oder Sklavenhalter von den Löhnen oder Erzeugnissen übrig lassen.
Es lässt einiges vermuten, wie viel immer und immer wieder gestohlen wurde, wenn die Geschichte Europas und der Wohlstand der Bevölkerung betrachtet wird.
Demnach wurden in 2000 Jahren nur vielleicht 100 Jahre insgesamt zugelassen, in welchen die vielen Produktiven ausgiebiger an deren eigenen Produktivität und Erzeugnisse daraus, teilhaben konnten.
Revolutionen brachten kaum Besserungen, eher verschlimmerten diese die Zustände, doch technische Revolutionen ermöglichten Verbesserungen.
Doch so einfach überlassen Verbrecher die Produktiven nicht aus ihrer Enteignung.
Als die Dampfmaschine etwa 1769 entwickelt wurde, konnten nach und nach mühsame Handarbeit durch automatische Abläufe ersetzt werden, doch damit auch eben jene, die diese tätigten und von dieser lebten.
Habgierige Verbrecher, nie bereit zu teilen, da sie selbst nicht durch teilen an Geld oder Erzeugnisse gekommen sind, nutzen, besser benutzten diese Maschinen und produzierten für die Reichen, während sie die armen Produktiven durch ihr Monopol, aus dem Rennen warfen.

Maschinen kosten Geld, Geld wurde geliehen und die Verschuldung zwang und zwingt dazu, alles herauszuholen um dieses Geld und die Gebühr, den Zins für dieses Geld wieder hereinzuholen.

Doch wenn die reichen versorgt sind, wo dann die Ware lassen, auch wenn man ein Monopol besitzt.

So müssen sich „schlaue" Männer zusammengesetzt haben und entschieden haben, die breite Masse mehr Entlohnung zu geben.

Die Masse konnte mehr kaufen, es gab mehr Maschinen, mehr Leibeigene vom Land flüchteten dorthin wo es Geld als Lohn mit der Aussicht, später mehr Geld zu machen gab – und um aus dem Eigentumsverhältnis auf dem Land wegzukommen.

Immer mehr Menschen erhielten nun Lohn, evtl. mehr Lohn wenn sie laut genug forderten, womit mehr gekauft, Nachfrage erzeugt werden konnte, nach dem immer schneller steigenden Angebot.

Den Produktiven mehr von Ihren Erzeugnissen in Form des Tauschmittels Geld abzugeben, erfolgte praktisch nie freiwillig.

So erzeugt das Gold der Reichen Enteigner, Geld, mit diesem Geld unter krimineller Energie, bzw. als Vertragsbruch seitens der Goldschmiede, können sich kleine abhängige Produzenten vielleicht von deren Besitzer freikaufen, mit diesem Geld können Enteigner ihre Besitztümer erweitern, indem dieses Geld immer mehr im Umlauf gerät, können diese Enteigner immer einfacher breite Truppen an Helfern bezahlen die dafür sorgen, dass sich an den Besitzverhältnissen wenig ändert, mit diesem Geld nimmt der Druck zu produzieren auf die zuvor schon fleißigen zu, die Anzahl der Produkte steigt durch Arbeitsteilung, diese Arbeitsteilung erzeugt durch Techniken, erzeugt nun aus diesen Techniken mechanische Techniken welche wie zuvor Monopole durch Enteigner, Regierung, zuletzt durch Banken, nun die Produktionsmittel, die Werkzeuge, die Arbeitskraft monopolisieren konnten.

Eigentum.

Verbrecher wollen nicht nutzen, nicht tauschen, keine Gerechtigkeit, aber Eigentum von begrenzten Dingen wie Fläche, Grund/Boden, Werkzeuge, Geld – um zum Schluss den Produzenten selbst zu kassieren. .

Diese tauschen nur, wenn sie mehr bekommen, als sie geben müssen und immer sind jene die all dies ermöglichen, die Produzierer, die Verlierer.

Doch nun, mit den mechanischen Techniken, diesen Maschinen wo eine die Arbeit von Hunderten erledigen kann, der Besitzer dieser trotz aller Habgier selbst ein Produzierer ist, passiert etwas neues. Man muss den Leibeigenen, den abhängigen Produzenten mehr von ihren Erzeugnissen in Form von Geld abgeben.

Durch Geld und Schuld selbst Sklave, jedenfalls eine gewisse Zeitlang, **muss** dieser Besitzer die Erzeugnisse verkauft bekommen, sonst kein Geld um den wahren Besitzer, den Bankier zu bezahlen. Und die Regierung aus ehemaligen Verbrechern hängt ihm in Form von Abgaben im Nacken, er muss, er muss, er muss; denn sonst gehört die Unternehmung der Bank.

So kann er nur eine Zeit lang für die Reichen produzieren, muss durch die hohe Produktion, Konkurrenz und Preisverfall auch für den kleinen Mann produzieren.

Hat der kleine Mann kein Geld, ist keine Nachfrage, womit der Unternehmer sein Angebot nicht los wird.

Manch einer der Maschinenbesitzer verkauft so viel, dass er reich wird, er kann sich nun selbst Maschinen kaufen, Konkurrenten aufkaufen, ist bei Banken gut angesehen und kann sich viel mehr Geld leihen – und kann nun selbst auf dem Level der Maschinenbesitzer zum Monopolisten werden. Aber er muss Dinge herstellen und verkaufen.

Der Zins in dem Geld, auf das Goldschmiede/Bankiers eigentlich nur aufpassen sollten, ist die Peitsche. Die Regierung und dessen Eigentümer ist die weitere Peitsche. Er und alle Produzierer müssen über die Abgaben für die Regierung hinaus das geliehene Geld und die Zinsen erwirtschaften.

Wird kein Geld in Höhe dieser Zinsen, diesen Gebühren auf etwas auf das man nur aufpassen sollte, nicht ebenfalls hergestellt oder bereitgestellt, wird an diesem Geld immer Mangel sein.

Da Erzeugnisse immer an Wert verlieren, bis diese sogar wertlos werden, womit Zeit eine neue Rolle zukommt, pervertiert der illegal genommene Zins auf etwas zum aufpassen, diesen Zeitverlust, indem es durch die Zeit teurer in seiner Nutzung wird.

So erzeugen Bankiers aus Geld, verliehen ohne eigentliche Erlaubnis, mehr und mehr Geld – ohne den später als Belohnung geforderten Zins ebenfalls heraus zu geben.

Konnte der Eigentümer zuvor Menge X an Erzeugnissen im Jahr von seinen Leibeigenen fordern und diese bei Nichterfüllung in die Verschuldung, der Sklaverei in die Zukunft zwingen, ist es nun beim Geld als Tauschmittel, herausgegeben von Privaten Händlern, der gleiche Zustand.

Der Eigentümer will etwas von etwas, das ihm nicht gehörte, da dieser es als Verbrecher genommen hatte, der verbrecherische Eigentümer des Geldes will etwas für etwas, das ihm nicht gehört.

Und erstaunlich, während der Eigentümer nur so und so viele

Leibeigene in die Verschuldung treiben kann, kann nun deren Reichtum in Form von versteckten Geld beim Bankier die Verschuldung in der Anzahl Menschen vervielfachen.

Doch zuerst war das Verbrechen durch den Diebstahl und Eigentum an Grund und Boden und der Ausplünderung, dann das Verbrechen im Zusammenschluss zur Regierung und Ausplünderung durch Abgaben.

Nebenbei, neben der Plünderung durch Zinsen, Abgaben an die Regierung, wollen die Grund-Bodeneigentümer natürlich nicht leer ausgehen und fordern und bekommen Miete, pro Quadratmeter, Monat für Monat. Ohne je etwas produziert zu haben.

Geld würde es nicht geben, ohne diese Enteigner, diese Verbrecher.

Schulden durch Leibeigene würde es nicht geben, wenn diese durch erzwungene Abgaben nicht in die Verschuldung gekommen wären.

Gold/Geld konnte erst entstehen, als Verbrecher reich wurden, indem diese Produktive durch Privatbesitz Tage, Wochen, Monate, Jahre und Jahrzehnte ausplünderten und die Ware, die Verbrechen verstecken mussten.

Nun gibt es den Großproduzenten, den zukünftig genannten Unternehmer oder Kapitalisten, welcher viele ernährt und viele ausplündert durch schlechte Bezahlung, dieser wird im Namen des Verkaufs gezwungen mehr abzugeben vom Erlös und erzeugt dadurch so etwas wie Wohlstand.

Das erste Mal in der Geschichte sorgt wohl der Enteigner dafür, das es den Abhängigen besser geht – weil der Enteigner selbst Produzent ist.

Nach der Dampfmaschine folgten weitere Techniken, den Produzierer helfende Produzierer; Licht, kleinere, viel effizientere Motoren, Düngemittel, der noch effizientere Elektromotor – und die kleinen Produzenten erzielten, immer noch fast nur durch Druck, Streiks, Zusammenschlüsse, mehr Anteile aus ihrer Produktivität. Immer mehr Geld, Papiergeld, Eisengeld, statt seltenes Gold, kommt in den Umlauf. So wie Fugger schon wusste, dass man Kupfer mit billigeren Silber strecken (vermehren) konnte, nutzen nun die Bankiers viel billigeres Eisen und viel, viel billigeres Papier zum endlosen strecken. Denn Sie müssen es, gefangen in Ihrer Lüge, Zins zu fordern den Sie beim verleihen natürlich nicht mit herausgeben, müssen Sie überall Geld unters Volk bringen. Die Schuldner werden von diesen irgendwo das Geld für Zinsen herbekommen, aber nur eine Zeit.

Und all dieses Geld, geschaffen durch reiche Verbrecher, Räuber, Enteigner – dieses Geld soll trotz aller Produktivität nicht dafür sorgen, dass es den Menschen wirklich besser geht. Verbrecher ist nun mal Verbrecher. Es soll ihm gut gehen, nicht den beraubten.

Brauchte es einmal nur Tun, Bewegung und Wissen um die eigenen Bedürfnisse an den direkt greifbaren Naturressourcen befriedigt zu bekommen, wurde dies leichter mit/auf einer bestimmten Fläche nutzbar gemachtes Land, und erbrachte irgendwann den Tausch 1:1.

Ist nun Tun, Bewegung und Wissen in Geld zählbar, da diese Erzeugnisse erzeugen die in Geld messbar sind, wurde nun Grund, Boden, Abgaben an Besitzer, sowie Steuer als Abgabe an Besitzern der Regierung, und das Geld selbst als private Ware durch Geld bezahlbar.

Bestehlen, berauben, enteignen ist nun durch Geld einfacher gemacht wurden. Alles ist möglich, ohne entdeckt zu werden.

Denn, Verbrecher, Enteigner, Diebe sind wild entschlossen, einer wirkliche Verbesserung nicht zuzulassen.

Privatbesitz, Privatrecht, Privates Geld sind die Schlüssel für das Schloss, hinter dessen Tür die uralte Freiheit und Unabhängigkeit lauert.

Gleichgewicht, die Mitte, Yin-Yang, Synthese – These- Antithese

Als wir nur produzieren mussten um uns selbst, unsere Familie zu ernähren, verhalf ein Stück Intelligenz in Anwendung verbesserter Techniken zu erhöhter Produktion.

Aus dieser erstand Tausch. Solange dieser Tausch etwa 1:1 betrug, herrschte eine Art Gleichgewicht. Fairer Tausch, freier Tausch.

Angebot oder Nachfrage waren Blödsinn, man produzierte mehr, wenn es sich ergab, nicht weil man musste.

Dies machte auch keinen Sinn. Warum drei Rehe erlegen, wenn man nur eines Essen konnte und die anderen zwei nach 2 Tagen nicht mehr essbar waren.

Somit ist Gleichgewicht wirtschaftlich gesehen das Sinn machende zwischen Produktion und Faulenzerei. Der Bereich mittig, wo man sich anstrengt um etwas zu erreichen, während auf der anderen Seite Ruhe, ein voller Magen, vielleicht Kultur oder einfach Spaß folgte.

Diese Mitte ist nicht jedermanns Sache. Produktivität ist nicht jedermanns Sache, Ruhe und voller Magen sind nicht jedermanns Sache.

Der Verbrecher neigt zwangsläufig zum Extrem. Leben ohne Leben zu geben. Faulheit ohne zuvor etwas zu Tun.

Daraus folgt die Freiheit in der Mitte von allem, während außerhalb dieser Mitte Extreme existieren.

Philosophisch ist dieser Sachverhalt bekannt unter Yin-Yang, geben und nehmen, These und Antithese, jeweils in der Mitte von diesen Aussagen liegt sozusagen das Glück.

Sie können einfach so als Gedankenspiel sämtliche uns aufgezwungen Ideologien der letzten Jahrhunderte hernehmen und werden herausfinden, das ein einfach ein Extrem, rechts oder links der Mitte genommen wurde. Dieses Extrem, ausgebaut zu einer „wissenschaftlichen" Wirtschaftsideologie, finanziell unterstützt durch Verbrecher, durch die Elite, und die Bevölkerung wird sich selbst zerfleischen oder Nachbarn mit Kriegen überfluten.

Ideologien sind so betrachtet, auf Papier „wissenschaftlich" fest gehaltenes, wie die Elite selbst denkt, da diese selbst so reich und vermögend geworden ist. Die Vorgehensweise, die eigene habgierige Einstellung verbreiten zu lassen, ist ziemlich intelligent. Wenn man selbst ein Verbrecher ist, warum dann nicht Hunderttausende des Volkes zu welchen werden lassen?

Im Grunde ist die Tabelle nicht richtig, es gibt „Vorgaben", welche Zustände links und rechts zu stehen haben, hier soll nur gezeigt werden, dass links und rechts der Mitte das Extrem ist.

Kälte	Wärme	Hitze
Produktivität	Voller Magen	Ruhe
Geizhals	Produzent	Verbrecher
Pluspol	Neutral	Minuspol
Frieden	Wachsamkeit	Krieg
Individualismus	Zusammenarbeit	Gegeneinander
Ordnung	Wachstum	Chaos
Qualität	Entwicklung	Quantität
Überversorgung	Optimum	Unterversorgung
Staatseigentum	Gemeinschaftseigen.	Privateigentum
Kälte	Wärme	Hitze
zu viel	ausreichend	knapp
keine Kontrolle	Kontrolle	Autoritär
Anarchie	Liberalismus	Diktatur
Reich	gut versorgt	Arm
Rückzug	Verteidigung	Angriff

Nun liegt z.B. der Verbrecher in der gleichen Spalte mit Ruhe. Paradox, aber zu viel Ruhe macht verrückt, zu viel Verbrechertum macht verrückt. Die andere Seite, nur zu Produzieren macht unglücklich, Geizhälse sind unangenehme Zeitgenossen und wohl immer nur Frieden würde viele Leute aus Langeweile Krieg ausdenken lassen.

Arbeitet man für einen vollen Magen und kann sich ausruhen, wenn das Thema Magen erledigt ist, so ist Wirtschaft mit diesen zwei Zeilen eigentlich erklärt. Verbrecher machten es derart kompliziert, das viele tausend Bücher darüber geschrieben werden mussten.

Nun gibt es diese Extreme links und rechts der Mitte, alle Zustände einzeln ausreichend um den einzelnen, die Familie, Gruppe, Nation oder Welt in Schwierigkeiten zu bringen.

Der wirtschaftliche Verbrecher nutzt immer Extreme um die Produktiven um die Ergebnisse Ihrer Arbeit, ob in Erzeugnisse oder Geld bemessen, zu bringen. Man muss ziemlich extrem sein um so zu denken. Terroristen sind extrem. Verbrecher sind wie Terroristen und wenn heutzutage wirklich ein kleiner Terrorist ähnlich wie der kleine Dieb etwas tut, dann wissen diese Wirtschaftsverbrecher sofort, wie sie die Auswirkungen nutzen können. Man kann es beobachten. Zeitungen, Nachrichten unterstützen diesen Verbrecher, da sie selbst ja die Lieferanten Ihrer Meldungen (nicht den Journalist, sondern jene Person, Stadt, Staat, dem etwas „berichtenswertes" passiert ist, meist völlig unwichtiges) praktisch bestehlen.

Heutigen Banken sind, etwas ausgenommen die wenigen sozial engagierten, Extremisten. Schauen Sie sich einfach an, was oder wen diese finanzieren, und was nicht. Jesus könnte bei der Federal Reserve hereinschlendern um 1000 Dollar zur Rettung zur Welt auf Kredit bitten, und die würden ihn hochkant raus werfen. Kommt kurz darauf Manager Habgier von Konzern „Bombe & Co", um 20 Milliarden Dollar für den Bau von 40 Atombomben zu fordern, wahrscheinlich liegen diese 3 Tage später auf dessen Konto.

Also, der breite Wohlstand für die Welt lässt sich ab ca. 1880 kaum noch aufhalten. Alptraum.

Was also tun als Extremist?

Fiktionales Gesprächs zweier Elitemenschen um 1900 und heute:

Verbrecher 1: „Die Scheiß Produktivität erhöht den Wohlstand, was können wir dagegen tun?"

Verbrecher 2: „Was unsere Verbrechervorfahren schon immer taten: Privatisieren"

1: „Aber die Menschheit hat mittlerweile von Feudalismus, Leibeigenschaft und Sklaverei gehört und ist dagegen. Das können wir nicht machen!"

2: „Richtig, wir können die nicht ewig für dumm verkaufen. Aber das die Menschheit plötzlich viele neue Dinge haben kann, durch ihre eigene Arbeit, wird ihnen das Gefühl geben zu gewinnen."

1: „Sicher, aber irgendwann wird die zu viel haben und aus Langweile anfangen wichtige Bücher zu lesen, Gott gewollte Dinge zu hinterfragen. Und wir wissen doch, dass es manchmal Spielverderber gibt, die nicht locker lassen, biss alle von Ihrer Idee wissen. Denk an Galileo, Luther, und all die anderen Arschlöcher!"

2: „Das ist schon richtig, aber wir sorgen für Spiel und Unterhaltung. Endlose Fernsehprogramme gefüllt mit Schwachsinn, unsere Zeitungen, Massenveranstaltungen, selbst mit minderwertige Musikkultur können wir die Leute mittlerweile stundenlang fesseln. Unglaublich, aber gut.

Du weißt doch, dass wir alles finanzieren was ablenkt, unterhält, Familien auseinander bringt, hier und da Kriege entstehen lässt, reihenweise verrückt macht, Pleite gehen lassen. Das übliche halt."

1: „Mag schon sein, dass es bei unseren Vorfahren in Rom funktioniert hat, aber Du weißt auch, dass irgendwann kaum noch brauchbares hergestellt wurde und Du weißt, was aus Rom geworden ist."

2: „Ach, jetzt versteh ich dich erst! Du machst dir Sorgen, wir könnten bald kein Geld mehr rausholen. Himmel noch mal, wir sorgen einfach dafür, das die Produktivität Stück für Stück privatisiert wird. Das dieser 8 Milliarden-Pöbel arbeiten **muss**, doch egal wie viel er arbeitet, wir daran verdienen wie immer, dass dieser Pöbel Stunden um Stunden in der Woche aufwendet für etwas, was er umsonst haben könnte. Wir sorgen wie gehabt dafür, dass alles kostet und gearbeitet werden muss. Denk an den Trick unseres werten Kollegen mit der Energie durch die Öl-Lüge. Und unserer werten Kollegen aus den Regierungen, die immer genau soviel nehmen, bis sich Widerstand regt. Um dann 1 Jahr später, die Abgabe sowieso durchzuführen. (Lautes Gelächter).

1: „Oh Mann ja, der beste Trick seit Ewigkeiten, und die bezahlen uns auch noch aus diesen Abgaben."

2: „Richtig, wir sind schließlich nicht irgendwer. Unsere Ahnen wussten, wie man mit dem Abschaum umgeht, aber wir müssen nicht mehr selbst ran, wir sind schlauer. Denk nur an das Hanfverbot letztes Jahrhundert. Der Pöbel ist so saublöd, der gehört einfach bestraft. Stell dir vor, unsere Kollegen in den USA hätten damals nicht aufgepasst, als diese..., Ach, willst Du auch mal ziehen...?, ja, diese Pflanze maschinell verarbeitet werden konnte. All die Einnahmen aus Öl und Chemie, all die Billionen wären nicht hereingekommen, wegen so einer Scheiß Pflanze."

1: „Ja, aber wir müssen aufpassen. Dieses verdammte Internet, immer mehr unserer Geheimnisse sind dort zu finden."

2: „Wenn wir erst mal das Geld abgeschafft haben, drehen wir all den Sozialspinnern mit deren „Aufklärerseiten" einfach die Seite ab. Vergiss nicht, all die riesigen Serveranlagen haben mittlerweile alles über jeden gespeichert, damit kann man prima was anfangen – und das beste, diese Serveranlagen sind unsere, wir besitzen über unsere Anteile die Besitzer. Wir wissen doch alles über jeden, keiner aber kennt uns. Wofür bezahlen wir den die Geheimdienste, wofür leihen wir Regierungen das Geld Ihres eigenen Volkes. (noch lauteres Gelächter)

1: „Du, ist ja auch schon alt der Trick, aber wie wir den Abschaum entmündigt hatten und genau dort zur richtigen Zeit, wo die alle für sich selbst sorgen und sparen könnten, über die Sozialversicherungen, das war doch der beste seit langen!"

2: „Gott Du hast recht, Monat für Monat werden die 40 % Ihrer Produktion los für Versicherungen, die sie selbst viel günstiger – wie war das noch, wenn die selbst sparen, dann würden die es mit 5 –10 % der Summe hinbekommen?! Und es wäre auch noch deren eigenes Geld! Gott behüte. Guck mal, einfach, weil die so blöd sind, machen wir es doch mit denen. Deswegen sind die 99 % dummer Pöbel. Vergiss nicht, wir haben in Harvard, Oxford, Cambridge studiert. Wir sind schon wer!"

1: „Hast Recht. Wenn wir bald das Bargeld abgeschafft haben, brauchen wir ja nicht mal mehr Zinsen zahlen an diese Knallköpfe, die meinen, mit ein paar Millionen oder Milliarden sind sie wer, (Hahahaha), wer will den von all denen mit Abhebung drohen, wo nix abzuheben ist. Köstlich."

2: „Richtig, und zuvor kaufen wir mit deren eigenen Geld noch alles restliche zusammen an öffentlichen Versorgungsnetzen, die ganzen Pflanzen für die Ernährung haben wir über die Gene ja bald patentiert und privatisiert, die Pharmaindustrie war schon ein phantastischer Lehrmeister, und solange wir für unsere ehrenwerten Freunde weiter Zinsen eintreiben, verlieren die 99 % immer mehr ihrer Erzeugnisse, die diese Idioten als Geld abgeben müssen. Und schau mal, die müssen immer mehr arbeiten für das gleiche bisschen falschen Wohlstand. Selbst die Frauen haben wir bald völlig verrückt gemacht, die hecheln bald alle so dem Geld hinterher wie die Männer. Man, ich hab gedacht, die sind schlauer als wir Kerle. Jetzt verdienen wir bald an doppelt soviel Bevölkerung, wie vor 50 Jahren." (Schallendes Gelächter)

1: "Hast Recht. Es läuft alles phantastisch, dann gehören die 8, oder sind das bald 9. Milliarden, na ja, egal, dann gehören die ja bald wieder richtig uns und wir können den sagen wer, wann, wie viel und wie lange zu arbeiten hat. Was hatten es unsere Urahnen gut, als diese noch die

Peitsche so richtig sicht- und fühlbar benutzen konnten."
2: „Richtig. Wenn wir mit unseren edlen Kollegen in aller Welt bald
einig sind und die „Eine Welt-Regierung" haben, dann ist es wieder
soweit. (Hebt das Glas) Ein hoch auf die Vergangenheit!"
1: „Ein hoch auf die Vergangenheit!"

Eigentum statt Nutzung an knappen Naturressourcen wie Grund und
Boden ist die Grundlage des Reichtums des Verbrechers, auf diesem
folgt zwangsläufig Eigentum an den Produktionsmitteln und den
Produzenten, kommt Geld als Mittler zwischen den verschiedenen
Erzeugnissen der Produzenten ins Spiel, und ist dieses rechtlich
Eigentum statt Benutzbar durch die Gemeinschaft, wird ein weiterer Teil
an jeder damit stattfindenden Transaktion Eigentum, des Eigentümers
des Geldes – durch den Zins.
Gibt die produktive Bevölkerung nicht auf und versucht weiterhin deren
Bedürfnisse über diese Verbrecherabgaben hinaus zu verbessern, können
diese Erzeugnisse eine Vermehrung, eine Verbesserung der
Produktionsmittel nochmalige Vermehrung erzeugen. Nehmen
Verbrecher diese Vermehrung ebenfalls durch Gebühren und Abgaben,
passiert kein ansteigen des Wohlstands, lassen diese es zu, passiert
etwas Wohlstand, mehr Bedürfnisse werden befriedigt.
Die USA, ihre Entstehung, all Ihre Macht, ist nur auf obige zwei Zeilen
zurück zu führen. Die Elite ließ Millionen Enteignete kleine Produzierer
auf Millionen freier und unabhängiger (Indianer) los, in einem Land, wo
nichts jemanden als Privatbesitz gehörte. Dort ließ man diese Millionen
zuvor Enteigneten nun die Millionen freie erledigen, das Land aufteilen
und diese zuvor Enteignete, kleinen Produzierer, einfach drauflos
produzieren. Innerhalb Jahre konnte die USA mit Weizen, Mais,
Baumwolle fast die Weltbevölkerung ernähren. Jeder dieser neuen
kleinen Enteigner wolle endlich, endlich Reich und Vermögend werden
und produzierte wie verrückt. Dann sorgte die Elite immer wieder,
nachdem diese ihr Geld aufgezwungen hatte, für Krisen über Krisen,
doch die Produktion blieb, trotz alle Enteignung.
Die USA ist ein Flüchtlingsland ehemaliger Enteigneter, welches das
Glück hatte, einige Jahre oder Jahrzehnte einfach produzieren zu lassen.
Von diesen glücklichen Tagen ist die USA weit entfernt. Längst ist
Produktion dort genauso unter Beschuss wie anderswo, doch mit dem
vielen Geld aus damaliger Produktion baute die USA eine riesige Armee
auf, statt der eigenen Bevölkerung die Produktion zu erleichtern, wird
nun der Welt eine Abnahme der eigenen Produkte aufgezwungen, oder

mittels dieser Armee die Herausgabe monopolisierter Rohstoffe an die USA und deren Elite erzwungen, um diese dann teuer zu verkaufen und das Geld einzustreichen.

Europa und der Rest der Welt musste seine Produktion erhöhen, mit den Verbrechern, mit den Enteignern im Nacken. Europa und der Rest der Welt durfte nie wirklich aus eigener Produktion und dessen Verkauf ansparen um zu investieren, da an allem diese Elite verdienen wollte, bis es keine Ersparnisse aus Produktion gab.

Die USA entstand zur richtigen Zeit, als Schiffe und Erntemaschinen gerade erfunden wurden und für die steigende Bevölkerung auf nur Privat besetzten Land keine Alternativen zu sehen waren.

Noch mal, nehmen Verbrecher diese Vermehrung aus Produktivität ebenfalls durch Gebühren und Abgaben, passiert kein ansteigen des Wohlstands, lassen diese es zu, passiert etwas Wohlstand, mehr Bedürfnisse werden befriedigt.

Gibt es diese Verbrecher oder Enteigner überhaupt nicht und Hilfsmittel aller Art, jede Art Techniken sowie genügend Produzierer, so kann die Produktion förmlich explodieren – USA (früher).

Kommt es zur Arbeitsteilung, beschleunigt durch Geld im Tausch, ergibt sich immer mehr Arbeitsteilung, immer mehr Arbeit wird durch Geld ausgedrückt und getauscht.

Produktivität soll das Leben erhalten, es verbessern, im Idealfall Voraussage in die Zukunft durch Ersparnisse und/oder nicht geraubter Überproduktion ermöglichen.

- Steigende Produktivität an allem Produzierbaren,
- steigende Produktvielfalt,
- der Wunsch nach Ersparnis, ob in Geld, Nahrung oder Ware,
- damit einhergehend der Wunsch nach Absicherung gegen Krankheit, Unfall und Tod,
- benötigte Hilfsmittel zur Erzeugung der Produktvielfalt und erhöhten Produktivität wie Metalle, Energie, Rohstoffe aller Art, werden im Quintett mit Eigentum an Landfläche, Geld, Produktionsmittel, Arbeitskraft, teilweise den Produkten selbst,   zu den   **neuen Angriffszielen** der schon alles grundlegend besitzenden Verbrecher, Enteigner, Diebe.

Enteignungssysteme - Wer dazu gehört!

Privatbesitz ist rechtlich wie eine Enteignung, welche per Definition: „Jemandem staatlicherseits sein Eigentum entziehen oder es zu beschlagnahmen" und „Eine Sache in Staatseigentum überführen" bedeutet.

Damit dieser Privatbesitz auch Privatbesitz bleibt, braucht es Schutz per Papier, wo in Juristischen Formeln klargestellt wird, wer das Sagen hat. Damit dieses Papier rechtlich durchsetzbar ist, benötigt es staatliche Gewalt. Es ist natürlich eine Pervertierung davon, wofür Recht und Gesetz sein sollte. Solange es so ist, ist „Der Staat ist das Volk", oder „Alle Macht geht vom Volke aus" ein Witz.

Solange Geld nicht existierte, der Eigentümer persönlich oder bezahlte Freunde die Erzeugnisse abholen mussten ohne Bezahlung, ohne Tausch, war es eine gefährliche Angelegenheit. Geld sorgte nun dafür, dass sich alle Besitzer, Eigentümer – Verbrecher, verstecken konnten. Es musste nun „nur" Geld abgegeben werden.

Geld erzwingt, wenn Privatbesitz, erhöhte Produktion, und bringt Verbrecher außer Sichtweise.

Verbrechergruppen versuchen alles in ihren Privatbesitz zu bekommen, was einer Enteignung der Produktiven entspricht.

Man kann diese Einnahmequellen aus Grund und Boden, Arbeitsmittel, Arbeitskraft, Geld, nun auf neue Einnahmequellen durch Produktionssteigerung und der einhergehenden Vielfalt, ausweiten.

Heute können folgende Gruppen gelistet werden, deren Einnahmequellen durch Privateigentum, Privatbesitz, Monopol an etwas, wie ein System aufgebaut, durch Gesetze geschützt, die 99 % der Produktiven um ihre Erzeugnisse direkt, oder indirekt durch Geld berauben:

- Rechtssysteme, welche zum erheblichen Teil dafür Sorge tragen, den auf Papier geltend gemachten Privateigentum und Besitzansprüchen, gegen 99 % der Bevölkerung durchzusetzen.

- Regierungen als Erben der Grund und Bodenräuber, statt Bezahlung wie früher in Naturalien, heute in Geld durch div. Steuerarten.

- Geld herausgebende Institutionen, Zentralbanken, Banken, die Zins auf etwas verlangen, das diesen selbst nur geliehen war, durch diesen Zins von den Produzenten an Unproduktive umverteilen.

- Ein gewisser Anteil Unternehmer als „Erben" der Arbeitsmittel, durch vorenthalten erheblicher Anteile an der Entlohnung, dem Mehrwert.

- Der Energiesektor durch ein Monopol an Erzeugung von Energie, überwiegend durch Verbrennung begrenzter Rohstoffe.

- Regierungen und Unternehmen durch Versicherungen, welche Bevölkerungen um deren eigene Vorsorge entmündigt, enteignet hat und nicht erlaubt, dass diese selbst ihre Vorsorge ansparen, erzeugen kann und darf.

- Ein Chemie, Pharma und „Gesundheitssektor", welcher zum erheblichen Teil auf das Verbot von Nutzhanf beruht, durch Unterdrückung anderer Alternativen, durch Monopole mittels Patente – Investment-, Aktien-, Derivategesellschaften, welche mit Geld arbeiten, das entweder nicht durch Produkte gedeckt ist, oder wie Banken über den Zins umverteilen, über Aktien von den Produktiven nehmen – um es an Unproduktive umzuverteilen.

Die „Elite", die Chefs, die leitenden Verbrecher arbeiten nach wie vor nach dem gleichen Muster, was ab hier „Enteignungssystem" genannt werden soll.
Diese Enteignungssysteme arbeiten nach, werden durch bestimmte Prinzipien unterstützt.

Prinzipien, die Enteignungssysteme unterstützen:

1. Produktion befriedigt Bedürfnisse, Beschäftigung/ Diebstahl erzeugt Knappheit!

Der freie und unabhängige begab sich irgendwann in unserer Geschichte durch Bewegung, Tun und Wissen in die erhöhte Produktivität, nachdem er etwas von seiner Freiheit und Unabhängigkeit aufgab, um sesshaft durch bewirtschaften von Fläche X zu werden.
Er gelang irgendwann durch nochmals erhöhte Produktivität über seine eigene Bedürfnisbefriedigung hinaus, in den Tausch mit anderen.
Das Produzieren; erschaffen, hervorbringen von, veredeln von Naturressourcen in nutzbare Dinge, ernährte, half ihn und andere in der Familie oder Gruppe.
Die Existenz wurde gesichert und Wünsche über diese hinaus bei intelligenten Tun befriedigt.
Als der Verbrecher auf der Bildfläche erschien und von den Produkten

ohne Tausch nahm, wurde nichts erschafft, hervorgebracht, veredelt, wovon andere leben konnten, außer der Verbrecher selbst (es sei denn, er gab von den geraubten Dingen ab).

Erweiterte sich der Diebstahl auf die Existenzgrundlagen wie Grund, Boden, Haus, Hof und die Produktiven selbst, wurde immer noch nichts erzeugt, produziert, erschafft oder veredelt.

Der Verbrecher musste zwar etwas Tun um an diese Existenzgrundlagen heran zukommen, doch er sparte sich sämtliche Schritte um diese hervorzubringen.

Die beraubten mussten und müssen immer, nach jeder Beraubung das mehrfache an Produktivität an den Tag legen, um den Diebstahl auszugleichen. (womit heutige Überproduktion ohne persönlichen Mehrwert, mit einem Nettolohn, welcher gerade so ausreicht, beschrieben ist)

Also können Produktive sich selbst und andere ernähren, Verbrecher könnten es einmalig nach ihrem Diebstahl, dann nicht wieder.

Der eine ist Produktiv, der andere während seines Raubzugs beschäftigt, nicht produktiv.

Indem die beraubten nach der Beraubung im schlimmsten Fall vor dem Nichts, durch Hunger und Kälte vor dem Tod stehen, erzeugt der Verbrecher Elend durch Knappheit, erzeugt dieser allerdings auch hektische Betriebsamkeit bei den beraubten, da diese (Wenn z.B. der Vorrat für den Winter geklaut wurde) in nur begrenzter Zeit den Mangel ausgleichen müssen.

So ist der Tausch Ware gegen Ware, Produktivität gegen Produktivität nicht vorhanden, und sein Diebstahl von z.B. in 500 Arbeitsstunden hervorgebrachter Ware, wenn diese die bloße Existenz gesichert hätte, zwingt die Betroffenen zu den verlorenen 500 Stunden nochmals 500 Stunden Arbeit hinzuzufügen, in weniger Zeit als zuvor.

Darum erzeugt Verbrechertum Elend, Hektik, Untergang, Tod. Produktivität durch veredeln, umwandeln von etwas in Nutzbares, der Tausch dieser Ergebnisse gegen gleichwertiges, befriedigt Bedürfnisse.

Die Wegnahme, klauen, rauben, in Besitztum umwandeln dieser Erzeugnisse oder der Ressourcen, welche diese hervorbringt, erzeugt ohne Tausch Knappheit und das nehmen, klauen, rauben ist in schönen Worten ausgedrückt, bloße Beschäftigung.

Der Produktive beackert Land, damit mehr daraus entsteht, hütet Tiere damit mehr aus diesen entstehen, wandelt verfügbare Naturressourcen in nutzbare, brauchbare Dinge um, wenn dieser besonders fleißig oder erfolgreich war, tauscht er diese Ergebnisse gegen andere.

Der Verbrecher stellt nichts her, tauscht nicht, sondern nimmt und bringt den betroffenen in Schwierigkeiten, zwingt ihn, wenn nicht gespart oder Vorrat gehalten werden konnte, zu Mehrproduktion um zu Überleben. Sein „Tun" ohne Erzeugnisse ist „Beschäftigung".

„Beschäftigung" ist vielleicht etwas unglücklich formuliert, wahrscheinlich gibt es ein viel treffenderes Wort. Doch würde man sein „Tun" Faulenzerei nennen, würden die Bewegung in seinem Tun nicht passen. Vielleicht wäre „Schmarotzerei" treffender.

Prinzip Nr. 2: Was „umsonst" sein sollte, wird von uns 99 % am teuersten bezahlt

Konnten die Produktiven bestimmte Flächen Land benutzen, beackern, urbar machen, auf diesem aus Rohmaterialien neues erschaffen, sorgte und sorgt Privatbesitz für eine erhebliche Knappheit an diesem und damit an der Möglichkeit, Erzeugnisse zu produzieren. Will jemand seine Existenz aufrechterhalten, muss er sich, wenn alles Land wenigen gehört, bei den Besitzern freikaufen.

War er „Leibeigener", war der Preis lebenslanges Gefängnis, die Erfüllung seiner Lebensbedürfnisse von Willkür abhängig.

Je mehr Menschen Ihre Existenz aufrechterhalten müssen, um so mehr kann der Besitzer verlangen, ob in Naturalien, als billige Arbeitskraft, später an Geld.

Dadurch werden diese Knapp und kostbar.

Tauchte irgendwann Tausch und mit diesem das Geld auf, hätte dieses Geld, gemeinschaftlich von Dörfern, Landkreisen oder auch der Regierung ohne Zins, dafür mit einer Nutzungsgebühr für dessen Herstellung im Umlauf gebracht, breiten Wohlstand und keine Reichtümer für wenige durch Zinsgewinn gebracht.

Sorgten Eigentümer an Grund und Boden für verschuldete, leibeigene Sklaven, konnten diese sich mit auftauchen des Geldes vielleicht geliehenen Geld freikaufen. So wechselte mit Geld der Besitzer des Leibeigen, und tut es bis heute.

Erst durch aufgezwungene Mehrproduktion kann sich vielleicht der Schuldner aus seiner Schuld befreien, doch der Zins muss ebenfalls erwirtschaftet werden, da dieser von den Verleiher aber nicht hergestellt wird, fehlt dieser Zins und somit ist immer das Geld knapp. Nur Probleme.

Irgendwer wird sich Geld leihen müssen um den Zins zu bezahlen, heute passiert dies Millionenfach.

Privatbesitz ist an Geld ist teuer.

Krankheit, Epidemien, Seuchen entstanden häufig durch mangelnde Hygiene und Mangel an Schutz vor der Witterung, sowie sauberes Wasser. Die Produktiven haben all diese Probleme gelöst durch Wasserleitungen, gereinigtes Wasser, gebaute, beheizte Häuser.

Gewissenlose Industrien verpesteten nun die Umwelt, Erzeugnisse aus Öl ersetzten Kohle, patentierte Medikamente aus Abfallprodukten der breiten Kohlenstoffpalette, patentierte Chemieprodukte aus Abfällen der Benzinproduktion die alles ersetzen, was aus Nutzhanf hergestellt werden könnte, vergiften heute jeden Bewohner.

Gesundheitlich könnte es uns heute wohl phantastisch gehen. Sauberes Wasser, warme Wohnungen, die Hygiene ist kein Problem.

Doch während aus der Natur alles für die Gesundheit gewonnen werden könnte, zwingt uns die Enteignung über Krankenkassen die Pharmaindustrie und deren Patentprodukte zu kaufen.

Während nahezu alles, was heute aus der Chemie an patentierten Kunststoffen und Chemikalien über die Welt als Müll und Gift gestülpt wird, aus Nutzhanf ersetzt werden könnte, zahlen wir in jeden Produkt anteilig für die Chemie, bekommen wir Chemie in unserer Nahrung, in Pflegeprodukten, müssen für die Entsorgung bezahlen.

H. Clark schreibt in ihrem Buch „Heilung ist möglich", wie Bakterien, Viren und Parasiten durch die Gifte aus der Chemie in unseren Körper erst zu Krebs, Alzheimer, Diabetes und all diese todbringenden Krankheiten führen.

So zahlen wir für den Privatbesitz an Vorsorge, an Gesundheit durch Konzerne und deren Besitzer. Die einen geben vor, durch vergiftende, tötende Medikamente zu heilen, die Kollegen aus der Chemieölbranche vergiften uns und bereiten die Grundlage für den Erfolg von Bakterien, Viren, Parasiten, welche dann durch Medikamente bekämpft werden sollen oder müssen, da entmündigende Krankenkassen kaum andere Behandlungsmethoden bezahlen

Privatbesitz an Patente, Monopolbildung durch Verbot von Alternativen ist ... teuer.

War der Produktive früher frei und unabhängig, war es abhängig von seinem Fleiß, seinem Wissen, wie viel dieser ansparen konnte, wie viel für die kommenden Monate, oder das Jahr zurückgelegt werden konnte. Diese Vorsorge für die Zukunft wurde durch Geld erleichtert.

Doch es wird durch Lohn- und Einkommensteuer nicht erlaubt etwas anzusparen, Zins als Abgabe für die Besitzer steckt in jeden Euro, jeden Dollar.

Und das was ca. 90 % der Bevölkerung wirklich ansparen könnte, wird durch Sozialversicherungen genommen, per Zwang. Sie haben keine Wahl.

Mit diesen Summen kann dann gesteuert und bezahlt werden, was im Sinne der Regierung Sinn macht. So haben wir ein anwachsen von Schwierigkeiten, Formulare, Kompliziertheiten ohne Ende, jede Menge „Experten". Und während der Produktive früher mit Fleiß und Wissen, aber auch mit genügend Vorsicht vorgehen musste, pervertieren diese 40 % Enteignung durch Regierungen genau diese Vorgehensweise. Der Unproduktive, Faule, Unwissende und Unvorsichtige ist nun Opfer und seine Zukunft soll, muss bezahlt werden.

Dies gilt für alle Versicherungen.

So gibt speziell die Palette an Sozialversicherungen ein recht gutes Abbild, wie Verbrecher denken. Den diese leben, bzw. sind ja so an ihre Vermögen gekommen.

Würde Geld ohne Zins, lokal oder landesweit mit einer Benutzungsgebühr herausgegeben, was Milliarden von Abgaben für Verbrecher einsparen würde, so ist Geld ohne Zins auch Unterstützung für die Produktiven – als wirkliches Tauschmittel.

Also würde man diese Versicherungen als wirkliche Unterstützung der Produktiven aufbauen wollen, so würde man vielleicht ein Gesetz herausgeben, das aussagt, jeder soll 10, 20 oder mehr Prozent seiner Einnahmen im Monat sparen, eine hohe Summe ansparen bei einer Versicherung. Wenn dieser dann für Krankheit, Unfall, Rente etwas benötigt – ist diese angesparte Summe die seine, auf seinem eigenen Konto, mit deutlich weniger Abgaben für Verwaltung, ohne Zwangsabgaben für Personen die nicht aufpassten, ungesund lebten und die er nicht mal persönlich kennt, während seine Familie im Falle seines oder ihres Todes nichts von diesen Zwangsabgaben bekommen werden.

Und so spielt die Vorsorge durch Rente eine Rolle, würde erlaubt werden selbst zu sparen, wäre es die eigene Entscheidung, ob man man mit 25 oder 75 oder nie in Rente geht. Und wie bei allen Enteignungen, wo man nicht über die eigene Produktionsergebnisse bestimmen darf, würden nun die nicht benutzten Gelder aller Sozialversicherungen als

Erbe für die Frau, dem Mann, für die Kinder zur Verfügung stellen.

Viele solcher Beispiele.

Prinzip Nr. 3: Exponentielles Wachstum

Einfache Produktion, der Tausch von Ware 1:1 ist einfach, weil gerecht. Der Privatbesitz sorgt nur für Probleme.
Jemand ist seinem benutzten Land und damit seine Produktionsmöglichkeit beraubt wurden. Dieser muss nun nicht nur einen Besitzer finden, der ihm gegen Naturalien oder Geld erlaubt, auf seinem Land zu arbeiten, nun muss dieser beraubte sich selbst, vielleicht seine Frau und Kinder ernähren, sondern, bei einem habgierigen Besitzer, diesen mit einem Großteil all seiner Erzeugnisse belohnen. Er schafft es vielleicht nicht, seine Frau muss mit auf das Feld, es reicht immer noch nicht, die Kinder, die eigentlich spielen und lernen sollten, müssen auch mit auf das Feld.
Was übrig bleibt ist immer noch zu wenig, die Ernährung schlecht, Krankheiten folgen. Überproduktion, um Nahrung gegen Ziegel für das defekte Dach zu tauschen, ist nicht möglich. Die schon dürftige Bleibe wird durch Regenwasser ruiniert. Schafft er mit Frau und Kinder nicht die Belohnung für den Besitzer, droht Verschuldung. Noch mehr Probleme. War der Besitzer noch gütig, vertreibt er vielleicht im nächsten Jahr bei neuen „Schulden" diese Familie, nun, obdachlos, ist die Existenz noch ernsthafter gefährdet.
Jedes nicht lösbare Problem, das nicht gelöst werden kann, da von den Erzeugnissen nicht genügend gelassen wird um diese Probleme zu lösen, erzeugt mehrere neue Probleme.

So ergibt dies auf einer Linie erst eine linear steigende Strecke an Problemen, Sorgen und Nöten, steigt aber immer schneller an, um über Verschuldung, Bestrafung, Vertreibung, zum Schluss mit dem Ableben, steil nach oben zu steigen.

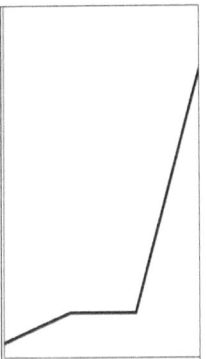

Exponentielles   Wachstum an Schwierigkeiten im kleinen Maßstab. Knappheit erzeugt weitere Knappheit.

Privates Geld, das später den Tausch der Produkte erleichtern hilft, doch für seine Anfertigung keine Nutzungsgebühr, sondern, da illegal in den Verleih gebracht, eine Belohnung durch Zins und Zinseszins bekommen will, erzeugt durch den Zins auf Zins durch die ablaufenden Zeitperioden erhebliche Probleme.

Da nur von vermögenden Enteignern Geld an den Goldschmied zur Aufbewahrung gegeben wurde, dieser es illegal verleiht um daran nochmals zu verdienen, kann der Goldschmied natürlich nicht den zu zahlenden Zins herausgeben, da er diesen gar nicht besitzt.

So ist Geld schon bei der Erschaffung ein Problem.

Derjenige, der das Geld nun leiht, muss irgendwo den nicht hergestellten Zins besorgen, neben seiner zu bezahlenden Grundschuld. Somit sorgt illegal verliehenes Geld selbst für seine schnelle Verbreitung, da nun all die verschuldeten den Zins erwirtschaften, das Geld dafür jedoch erst „finden" müssen.

Doch auf die Gesamtsumme wird im nächsten Quartal oder Jahr nochmals Zins genommen, welcher auch nicht vorhanden ist, gar nicht als Goldstücke hergestellt wurde.

Der Verleiher, der Goldschmied merkt irgendwo in dem Ablauf, das etwas schief läuft, das der Zins ebenfalls auf dem Markt gebracht werden muss. Dieser Verleiher wird nun zusehen, die verliehenen Taler zu strecken, wertloser zu machen, reicht dies nicht, versucht er selbst Gold, Silber, Kupfer schürfen zu lassen, natürlich von kleinen mittellosen Produzenten, die, zuvor schon Grund, Boden, Haus und Hof verloren, für Ihre bloße Existenz arbeiten werden.

Zins auf Zins durch die Zeit ist mathematisch ein Alptraum, zwangsläufig einkalkuliert sind Zusammenbrüche, Konkurse, Verluste.

Irgendwo in dem verbrecherischen Tun, merkt der Goldschmied, das möglicherweise die Besitzer die ihm anvertrauten Gelder zurück haben will, da mit Geld in der Wirtschaft nun soviel Geld verdient werden kann, und kommt in seiner Not vielleicht auf die Idee einer bloßen lächerlichen Quittung für das Geld, womit der echte Besitzer statt mit seinem Gold, nun woanders zahlen kann.

Klappt dies nicht, half vielleicht (teile und herrsche), dem Besitzer des Goldes an Anteil der Zinses zu versprechen. Wahrscheinlich passierte beides etwas gleichzeitig.

Obiger Vorgang ist in etwa die gegenwärtige Situation, wo Banken, die Millionäre, Milliardäre, Billionäre und Regierungen an ihren Verbrechen gegenseitig verdienen und daher keinerlei Interesse haben, irgend etwas zu ändern.

Somit sorgt der Zins für Bezahlung jener, die schon besitzen, ruiniert, betrügt, verschuldet, versklavt die breite Masse.

Der Verleiher selbst, immer weniger wirklich im Besitz der Summen, die er verleiht, muss nun zusehen, Geld durch immer wertloseres zu ersetzen. Durch Quittungen, durch Papiergeld, dann durch Buchgeld, dann durch Plastikgeld, „gedeckt" durch Einsen und Nullen auf einem Konto. Hat er dies geschafft, muss er selbst niemanden mehr Zinsen zahlen, denn was sollen seine Kunden drohen? Mit Abzug des Geldes? Es gibt kein Geld mehr.

Somit bekommen wir Banken, die ihr verliehenes Geld kaum bis gar nicht selbst besitzen (Eigenkapitalquote), jedoch für dieses nicht vorhandene Geld Gebühren und Zinsen verlangen von jenen die sich verschulden, weil diese etwas aufbauen wollen, um diese Belohnung daraus dann an sich selbst, Millionäre, Milliardäre, Billionäre, Besitzer – zu teilen wie eine Beute. Regierungen bekommen zwar Geld geliehen, da es jedoch über die Banken Geld der Bevölkerung ist, verliert dann diese Bevölkerung ihr Geld, kaum oder selten die Besitzenden. Der Teufel bei der Arbeit.

So erzeugt ein Privat missbrauchtes Geld auf welches Gebühren (Zins) erhoben wird, nur für Schwierigkeiten.

Am Anfang läuft eine Weile alles gut, gezeichnet als Linie eine langsam steigende Strecke, doch dann explodiert diese Linie Richtung Himmel, dann, wenn die ersten die Zinsen zahlen müssen, und der Zins nicht existiert.

Nur Schwierigkeiten, „Wachstum" ohne Lieferung, durch Betrug.

Biologisch ist der Krebs als Exponentielles Wachstum bekannt.

Der Mensch an dieser Krankheit leidet, bemerkt diesen erst nicht, wenn er diesen bemerkt ist es fast schon zu spät.

H. Clark beschreibt in ihrem Buch, das Schmarotzer in Form von Bakterien, Viren und Parasiten normalerweise vom Immunsystem, der Körpereigenen Abwehr, beseitigt werden können. Wird die Abwehr allerdings durch Gifte, Lösungsmittel, Schwermetalle geschwächt, vermehren sich die Parasiten, können nun an Organe kommen, wohin sie zuvor nicht gelangten und dieser Krebs kann erst entstehen.

Ein interessanter Gedankengang. Was war zuerst da, die Schmarotzer oder Gift?

Wenn der Verbrecher der Parasit ist, die Produktiven diesen normalerweise abwehren könnten, was schwächt dann deren Abwehr?

Vielleicht der Faktor, dass der Produktive mehr produzieren will und sich dafür von einem bestimmten Stück Land und seinen Ressourcen abhängig macht, während der Verbrecher noch unabhängig in seiner Wahl der Mittel sein kann? Also gewissen Unfreiheit auf Freiheit der Wahl trifft?

Prinzip Nr. 4: Teile und herrsche

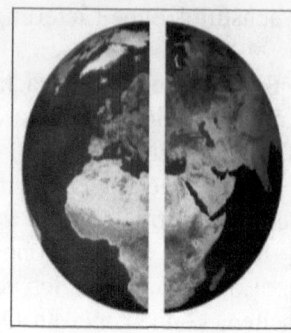

Hat der Verbrecher das erste Mal Erfolg beim berauben oder enteignen eines Produktiven, kann dieser mit dem „Erlös" andere bezahlen, die ihm bei weiteren Raubzügen helfen.

Dies ist eine weitere Grundlage von Privatbesitz, Privateigentum, Patentierung knapper Rohstoffe, des Zinses, Besteuerung und Versicherung durch Enteignung.

Durch Besitz wird von den Produktiven genommen ohne Gegenleistung, im besten Fall wird ein Teil zurückgegeben. Da Besitz so profitabel ist, kann mit diesem Profit ähnlich tickende Individuen gefunden und belohnt werden. Lassen sich diese nicht finden, können die Individuen vielleicht bestochen werden. Da Geld Gegenwert von Erzeugnissen darstellt und diese gekauft werden können, sichert Geld die Existenz.

So wird geherrscht, beherrscht durch Teilung der Beute. So wird Produktives Unvermögen wie eine Krankheit durch Ansteckung weiter gegeben. So findet der Enteigner, der Verbrecher, Helfer die aus seiner Enteignung ein gut laufendes, verwaltetes System aufbauen.

Diese müssen grundlegend mit seinem Tun übereinstimmen, wenn diese es eher unfreiwillig tun, so durch Druck oder Bestechung.

Prinzip Nr. 5: Ursachenbeseitigung löst das Problem, Symptombehandlung vergrößert es

Hätte der Goldschmied, als er merkte in was für Schwierigkeiten der nicht vorhandene Zins sein Vorhaben bringt, um illegal mehr Geld aus ihm anvertrauten zu machen; hätte dieser damals die Reißleine gezogen und ohne Zinszahlungen einfach die verliehenen Gelder zurückgenommen, so wären die nächsten Jahrhunderte vielleicht Millionen oder Milliarden verschuldeter Existenzen nicht passiert, vielleicht keine großen Kriege, würden wohl jede Landesgrenze anderes aussehen als heute.

Hätten die Amerikaner in den 30er Jahren rechtzeitig geschnallt, was mit dem gesetzlich verbotenen Marihuana eigentlich gemeint war, nämlich das überall angebaute Hanf für Segel, Stoffe, Seile und vieles mehr, und hätten den Zeitungsmogul Hearst, einige Bankiers und Politiker und Eigentümer von Chemiefabriken erschlagen, so wären uns knapp 90 furchtbare Jahre Drangsalierung, Plünderung und Vergiftung durch „knappes" Öl und dessen Unterprodukte der Chemiegiftküche erspart geblieben.

Hätten die Deutschen Bismarck, den Sozialistenhasser davon gejagt, als dieser, um der sozialliberalen Bewegung die Grundlage zu entziehen, die „Sozialgesetzgebung" einführte, so wäre einem Großteil der heutigen Welt eine Enteignung seitens Regierungen durch „Sozialversicherungen" erspart geblieben.

Sollten nach Marx die Lohn- und Einkommensteuer eigentlich dem „Proletariat" helfen, die gestohlenen Reichtümer der Enteigner zurückzuholen, sorgte diese vielleicht gut gemeinte Idee seit etwa 100 Jahre für weitere Beraubung der Produktiven selbst durch die Lohnsteuer, sowie nochmals auf die geraubten Löhne durch Enteigner mittels Einkommensteuer. So erzeugte diese Steuer für Superstaaten und Superbürokratien und für Milliarden kleiner angestellter Produktiver sowie produktiver Unternehmer, die nichts ansparen können. Somit treiben diese Steuer (Lohn- u. Einkommensteuer sind dasselbe) Milliarden Menschen in die Fänge von Kreditvergebern und damit in die Schuld. Die Hölle selbst hätte sich so ein Verbrechen nicht besser ausdenken können.
Und war die Welt vor deren Einführung schon unter schwerreiche

Kriminelle aufgeteilt, so sorgte diese Steuer nun zukünftig dafür, das keiner diesen schwerreichen, schon fast alles Besitzenden den Kuchen streitig machen wird.

Sammeln einige doch noch Vermögen an, dann aus der extremsten Ungerechtigkeit, erzeugt durch diese Steuer und deren „Korrekturen" durch weitere Gesetze. In diesen sind Steuerschlupflöcher enthalten, Juristen, Steuerberater, Unternehmensberater verkaufen diese Geheimnisse an Unternehmer die dafür zahlen – diese können dann einige Milliarden ansammeln. Nur, keiner derjenigen auf den Forbeslisten der „Reichsten" ist wirklich reich, verglichen mit jenen, die vor Einführung der Steuer schon alles Land, die Banken, das Geld besaßen.

Also kann zur Ursachenbeseitigung gesagt werden: Wären Millionen Menschen bei Einführung dieser Steuer auf die Straße gegangen, wäre diese nicht eingeführt wurden und wir hätten heute, 100 Jahre später wohl einen äußerst breiten gut verdienenden Mittelstand, keine Arbeitslosen, deutlich kleinere Staatshaushalte, Milliarden besser verdienender Arbeiter und Angestellte mit bezahlten Eigenheimen und was an zu kaufenden Wünschen so vorhanden ist.

Wirtschaft ist in Händen von Wirtschaftsverbrechern. Dies ist Fakt.

Wirkliche Reformen – Warum diese für Enteigner/ Diebe/Verbrecher immer Revolutionen sind

Wikipedia gibt für **Reform** eine phantastische Bedeutung an, treffender als in meinen hier liegenden Wörterbüchern, demnach ist eine „Reform (lat. für re zurück; formatio: Gestaltung, Wiederherstellung) bezeichnet in der Politik eine größere, planvolle und gewaltlose Umgestaltung bestehender Verhältnisse und Systeme." Und zusätzlich: „Das Wort erscheint schon in den Paulus-Briefen der Bibel, später auch in dem Zusammenhang mit der kirchlichen evangelischen Reformation zur Zeit Martin Luthers."

Wenn Verbrecher geschichtlich gesehen alles nutzbare privatisieren wollen oder schon getan haben, so würden richtig angewendete Reformen den Zustand einfordern, welche „zurück", vor der

Privatisierung bestand, um diesen damaligen guten Zustand „wiederherzustellen".

Also sind Revolutionen, Kriege, Konkurse, Pleiten, Enteignungen gut für das Geschäft, da in dem sich entwickelten Chaos weitere Enteignung, weiterer Diebstahl durchgeführt werden kann, während jede **wirkliche** Reform zwangsläufig etwas ist, das mittels Medien, bestochener Politiker, Ablenkungen, Terror unbedingt verhindert werden muss!
Denn die Reform will ja, ist diese auf "zurück" und Wiederherstellung" ausgerichtet, die Zeit hervorbringen, wo Verbrecher, deren Verbrechen, deren verbrecherischen Systeme nicht existierten.

Rechtsprechung und Reformen

Unsere Geld-"Elite", deren Existenz und Reichtum ist von deren selbst geschaffene Rechtsprechung abhängig.
Dieses Recht sagt: „Was Verbrecher besitzen ist Recht, es steht hier auf diesem bescheuerten Stück Papier." Sagt der Bürger Nein, wird Recht auf diesem Bürger angewendet, statt sich der Ursache aller Probleme zuzuwenden.
Somit steht jede wirkliche Reform mit dem existierenden Recht auf Kriegsfuß. Eine wirkliche Reform stellt zwangsläufig in seiner Wiederherstellung „alter Zeiten = zurück", eine Wiederherstellung von Nutzungsrecht vor Privatbesitzrecht. Gemeinschaftsrecht vor Privatrecht.
Dies ist Problematisch, da Recht und Gesetz weltweit mittels Millionen Polizisten, Hunderttausende Juristen, Tausende Richter – und wenn diese nicht ausreichen, durch Millionen von Soldaten aufrechterhalten werden kann.
Diese Existenzen haben nur bedingt einen anderen Grund, als die Elite und deren geraubtes Eigentum zu schützen.
Sie wissen es selbst nicht, da in der Schule, Ausbildung und Universität von früh auf gelehrt wird, wie „wichtig Privateigentum für das Wohlergehen der Menschheit ist".
Deshalb erfordert eine Reform, anderes als die Revolution, Zeit. Zeit um

in den Köpfen Millionen oder Milliarden von Menschen Gewohnheiten durch etwas Neues zu ersetzen.

Existiert eine schlechte Schul- und Universitätsausbildung, die auswendig lernen, nachplappern für das Bestehen forciert, wird Neues nochmals schwerer in die Köpfe gelangen.

In einem Chinesischen Zitat heißt es: „ Achte auf Deine Handlungen, denn sie werden zu Gewohnheiten. Achte auf Deine Gewohnheiten, denn sie werden Dein Charakter. Achte auf Deinen Charakter, denn er wird Dein Schicksal."

Schule, Universitäten lernen uns also Handlungen mit und aufgrund falscher Gesetze, diese werden zur Gewohnheit, diese Gewohnheiten bringen aus uns habgierige Kapitalisten und materialistisch ausgerichtete Menschen hervor, um am Ende lauter schlechte Charaktereigenschaften im allgemeinen Umgang an den Tag zu legen.

Dieser Ablauf, dieser im Grunde menschliche Zerfall in den Abgrund, zeigt also den Ausweg für Reformen, wenn diese gutes wiederherstellen sollen.

Erzeugen Verbrechercliquen weltweit weitere Verbrechen aus Habgier, installieren diese immer fester ihre Enteignersysteme, so wollen immer mehr Menschen materiell ihre Bedürfnisse erfüllen. Werbung hat diese Bedürfnisse ins unendliche ausgearbeitet.

So kann die Reform, verständlich und klar ausgedrückt, ihre eigene Durchsetzung durch Habgier von Millionen oder Milliarden Menschen Nachdruck und Erfüllung geben. Den die richtige Reform lässt diesen Millionen und Milliarden nach Durchführung der Reform, das vielfacher ihrer bisherigen Löhne und Gehälter, da diese den Verbrechercliquen nicht mehr gegeben wird.

Diese Reform stellt der Habgier dieser Millionen und Milliarden natürlich ein Bein. Habgier will ja endlosen Reichtum, Macht, Kontrolle – ist Unterdrückung anderer für egoistische, oft geisteskranker Ziele.

Genau dies erfüllt eine richtige Reform jedoch nicht.

Doch, so wie unsere Vor- vor- vorfahren dann aufhörten zu rackern, einfach weil die Bedürfnisse erfüllt waren, die Zukunft der eigenen Arbeit wegen recht deutlich war, zeigt eine richtige Reform mit der Zeit, das dieser Zustand der natürliche, der eigentlich Sinn machende ist.

„Man" kann heute nicht aufhören zu „rackern", einfach, weil Verbrecher, Enteignergruppen ihr Netz derart gesponnen haben, das selten genug übrig bleibt. Bleibt etwas übrig, wird durch Lohn-, Einkommensteuer, Erbschaftssteuer, durch völliger Enteignung mittels „Sozial"-Versicherungen und solche Dinge bestraft.

40 Stunden Arbeit die Woche oder mehr ist ein Witz. Spätestens seit X-

facher Erhöhung der Erntemenge pro Hektar, Millionenfacher Verbreitung des Motors, des Elektromotors, erst recht seit der Entwicklung des Mikrochips, hätte die wirklich benötigte Arbeitszeit seit 1900 praktisch wöchentlich weniger werden können.

Denn jedes Gram Dünger, jeder Motor, jeder Chip erledigt richtig eingesetzt, die Arbeit vieler, vieler Stunden.

Keine Arbeit, „nichts zu tun zu haben" ist zwar nicht der wünschenswerte Zustand, doch es gibt neben der bloßen Existenz längst andere Bedürfnisse. Kultur, wirklich Soziales, Gemeinschaft, Luxus, Religion, Wissen und einiges mehr.

Enteignergruppen haben all dies Ziele pervertiert, nichtsdestotrotz bleiben diese für viele unerreicht, weil keine Zeit oder kein Geld für diese vorhanden ist.

Verantwortung, die tiefere Bedeutung eines Wortes

Verantwortung bedeutet u.a. „ … übernehme oder trage dafür die Folgen" oder auch „Pflicht und Bereitschaft, für seine Handlungen einzustehen, ihre Folgen zu tragen."

Im Kapitel: „Prinzip Nr. 5: Ursachenbeseitigung löst das Problem, Symptombehandlung vergrößert es", sind einige Abläufe aufgeführt, deren Folgen bis heute zerstören und ruinieren.

Und hätten die Menschen damals jeweils aufgepasst, wären auf die Straße gegangen, hätten die Verantwortlichen verhaften lassen oder ähnliches gemacht, so würde die Welt heute eine andere sein.

Wären die Dinge, diese Verschwörungen nicht heimlich durchgeführt wurden, oder nur scheinbar öffentlich im Deckmantel falscher Angaben, hätten damals nur wenige die Pflicht, Bereitschaft, die Verantwortung getragen alles dagegen zu tun, trotz aller möglichen Folgen, wäre die Welt heute eine andere.

Da diese Abläufe schwer durchschaubar waren, kommt ein weiterer Faktor hinzu: Wissen.

Wenn wir meinen, Wirtschaft, und damit Geld, Arbeit, Produktion, jeglicher Tausch, praktisch alles, auch die Familie, - sollte „Experten" überlassen bleiben, stehen wir natürlich außen vor, wenn solche „Verschwörungen" passieren. Wenn niemand weiß, wie Wirtschaft zu funktionieren hat, erst dann kann eine heimliche Aktion, die

„Verschwörung" durch kriminelle Verbrecher passieren.

Also existiert notgedrungen eine Verantwortung zu Wissen in wirtschaftlichen Dingen. Dieses Wissen hätte, wäre es vor 150 Jahren Allgemeingut, diese Enteignergruppen, diese Verbrechen nicht durchgehen lassen – wenn genügend Verantwortung vorhanden wäre.

Dies ist der wirtschaftliche Aspekt von Verantwortung.

Der persönliche sieht nur scheinbar anders aus.

Der ehemals freie und unabhängige kleine Produzierer, musste mit Tun, Bewegung und Wissen vorankommen, und je nach dem wie er vorging, wie viel tat, war seine Existenz eine gute oder schlechte.

Kamen Frau oder Mann und Kinder dazu, welche jeweils ebenfalls etwas tun, sich zu/für etwas bewegen, Wissen mussten wie etwas funktioniert um Ergebnisse zu erzielen, halfen bei der Erfüllung der Bedürfnisse. Dies kann man ausweiten auf eine größere Gruppe, Dorf, Stadt, Land, Staat.

Wurden mehr Erzeugnisse hervorgebracht, als in gewisser Zeit verbraucht werden konnten, konnten weitere Bedürfnisse oberhalb der bloßen Existenz befriedigt werden.

Es war also die Verantwortung des einzelnen, wie gut er, sie, die Familie, Gruppe, Dorf, das Land lebte.

Kein Tun, keine Bewegung, kein Wissen und man überlebte nicht, - richtig oder über das normale hinaus eingesetzt, überlebte man sehr gut.

Kommt der einzelne, die Familie, Dorf oder Land unter Kontrolle des Verbrechers, geht die Verantwortung außer Sichtweite. Die Zukunft ist mehr als unklar, warum sich also dafür einsetzen.

Installieren Verbrecher Enteignungssysteme, um höchstmöglich die Belohnungen in Form von Geld für zuvor geleistete Arbeit abzuknöpfen, geht mit diesem Verantwortungslosigkeit einher. Lohn-, Einkommensteuer, Versicherungen, Zinsen, all diese kriminellen Enteignersysteme enteignen durch diese Millionen oder Milliarden Menschen, da diese mit diesem Geld „steuern" können.

Diese können damit steuern, wie viel von diesen Milliarden und Billionen sie selbst und ihre kriminellen Freunde abzweigen, wie viel (teile und herrsche) die Erfüllungsgehilfen, die Helfer, Angestellten, Bediensteten bekommen, wie viel jene, die diese Unsummen aufbrachten über etliche Umwege als kleinen Teil zurück bekommen.

Kontrolle.

Denn dieses „zurück bekommen" ist an Forderungen geknüpft, wann man diese kleinen selbst gezahlten Geldteile zurück bekommt, wie man sich benehmen muss um diese kleinen Geldteile zurück zu bekommen, welche Dienstleistungen, welche Dinge, welcher Ort von diesen kleinen Geldteilen gekauft werden dürfen, und welche nicht.

Verbrecherische, unterdrückerische Kontrolle ist das Gegenteil von Frei. Diese schlechte, klein haltende, arm haltende Kontrolle ist auch das Gegenteil von Verantwortung.

Diese Kontrolle übernimmt scheinbar Verantwortung, indem diese sich scheinbar kümmert.

Genauer betrachtet jedoch ist dieses „sich kümmern" nur ein Deckmantel um zu vergiften (Pharma), Geld umzuverteilen (Aktienkonzerne welche die Gelder einnehmen, Regierungen welche die Gelder einnehmen, Banken die an Aktienkonzerne verdienen usw.), zu enterben (all die gesparten Summen an Steuer und „Sozial"-Versicherungen, u.a. Versicherungen) ist verloren, wenn der „Kunde stirbt, die Frau, der Mann, die Kinder bekommen nichts.

Milliarden Menschen verloren Ihre Eigen-Verantwortlichkeit an Banken, Versicherungen und Regierungen, indem diese als „Dienstleistungen" diese Milliarden Menschen vergiften, deren Vermögen umverteilen und enterben.

Es ist verbrecherische Kontrolle von Unterdrückern.

Also müssen die Reformen „zurück", „Wiederherstellen" und „Verantwortung" - Eigen-Verantwortung erzeugen.

Grundlage der Lösungen: Eigen-Verantwortung

Obwohl Verantwortung unpopulär ist, da diese per Definition zwingt, in bestimmten Momenten, wo man lieber wegsehen, weggehen, abhauen, im Stich lassen würde – etwas Tun muss, so wird diesem neuen Tun durch ein Prinzip geholfen, welches durch Enteignergruppen entstanden ist, und zwar wieder Prinzip Nr. 5: Ursachenbeseitigung löst das Problem, Symptombehandlung vergrößert es.

Lehnen Sie sich kurz zurück und denken über folgendes nach: Wie sehen Ihre Möglichkeiten aus, etwas anzusparen?

Für die große Mehrheit von uns ist dies fast nicht möglich. Diverse Systeme, die dauernd dafür sorgen, das Ihnen nichts übrig bleibt, oder gerade genug, das es für die Miete, Essen und Fahrkarte zur Arbeit reicht. Sie **müssen** diverse Abgaben zahlen, ungewiss ob Sie diese

Gelder jemals zurück erhalten – es sei denn, Sie werden endlich krank, bauen endlich einen Unfall, verlieren etwas, jemand klaut Ihnen etwas, oder verlieren endlich Ihren Job, oder bezogen auf die Abgabe für die Rente, Sie werden endlich so alt, das Sie ihre dort eingezahlten Gelder benutzen dürfen.

Das Drumherum an Behörden, Experten, Papieren um diese ganzen Irrsinnigkeiten erfordert von Ihnen Einsatz, Zeit, Planung – und wollen Sie Ihre eigenen Gelder nutzen dürfen, erfordert es Ihre Krankheit, Ihren Unfall, irgendeinen Schaden oder das Sie endlich Alt werden. Normalerweise sind keines dieser Dinge etwas, das bei gesunder Einstellung gewollt ist, doch geisteskranke Systeme fordern genau das von Ihnen.

Dies sind alles Symptome, gezeichnet in einer Graphik ein ansteigen einer Linie recht steil nach oben, bestehend aus Kompliziertheiten, an Schwierigkeiten, einfach nur deshalb, um Sie enteignet, unter Kontrolle zu halten.

Also erfordert Eigen-Verantwortung zwar etwas von Ihnen, doch dessen Einführung nimmt das mehrfache von Forderungen Ihnen gegenüber von kriminellen Systemen ab.

Es ist garantiert, irgendeiner dieser Reformen eingeführt, und Sie werden sich innerhalb Monaten wundern, wo das Geld herkommt.

„Die große Schröpfung – 5000 Jahr trotz Finanzamt" von A. Sorba führt auf mehrere hundert Seiten durch die Folgen, wenn Verbrecher enteignen und über Systeme zur Verwaltung herrschen, leiten, die Regierung inne haben.

In all den 5000 Jahren ging es mit jeden Land steil bergauf, **sobald** es erleichtert oder zugelassen wurde, dass die Produktiven deutlich mehr als zuvor von Ihren Erzeugnissen oder des Gegenwertes aus diesen, dem Geld übrig behielten.

Reformen

Jede Reform ist wichtig, die Geschwindigkeit ist wichtig, doch einzeln für sich selbst kann jede einzelne einiges bewirken. Warum?
Aufgrund der Ansteckung.
Verbrecher stecken andere Menschen mit ihrem Tun an, da es offensichtlich ist, dass sie etwas besitzen mit ziemlich wenig Tun.

Nun gibt es jedoch noch genügend heroische Menschen die Tag für Tag irgendwelche Erzeugnisse hervorbringen, einige ernähren nur sich selbst, viele haben Helfer aus Maschinen, Motoren, Chips mit welchen diese dann ein vielfaches erzeugen – so ernähren diese vielleicht nur sich selbst und manches mal einige Dutzend bis mehrere hundert andere Menschen.

Bei der Arbeit sind diese abgelenkt, es gibt jedoch Freizeit, evtl. eine Familie, Hobbys, Wünsche, Bedürfnisse – zu dessen Erfüllung Geld benötigt wird. Das lässt all die Millionen und Milliarden außerhalb der Arbeit zwangsläufig nachdenken, wie mehr Geld zu verdienen ist.

Haben diese das Glück, keinen Eliteverbrecher im Bekanntenkreis zu haben, bleibt der Weg, wie man durch Arbeit mehr verdienen kann.

Spricht sich der Erfolg der Reform, ob nun mehr Geld, mehr Freizeit u.v.m. herum, so wird diese, statt das tun des Verbrechers, „ansteckend".

Kleines Vorwort zu den Reformen.

In dem Vorgänger zu diesem Buch: „Neue – Weltwirtschaft ... ohne kriminelle Elite" sind die Reformen ausführlich beschrieben.

Das Buch wurde 13 Jahre nach seiner gedachten Fertigstellung von 120 auf über 351 Seiten (eBook-Version) erweitert und während es die ersten Kapitel etwas zäh, teilweise kompliziert ist, sagen die beschriebenen Reformen dort aus, was zu sagen ist. Also werden diese, sehr unrühmlich für mich, hier, allerdings etwas korrigiert, einfach übernommen.

Der Schreibstil ist teils ein anderer, weniger trocken wahrscheinlich als in diesem Buch bis hierher.

Natürlich kann ich dieses Tun phantastisch rechtfertigen: Der Verbrecher sorgt, wenn er jemanden alles an Erzeugnissen abnimmt dafür, dass der bestohlene nach dem Verschwinden des Verbrechers die gesamte Arbeit in Höhe dieser Produktion erneut erzeugen muss.

Das es mir die vergangen 24 Jahre nicht anders ging, als Ihnen mehr oder weniger Jahre, ist es doch nur gescheit, hier mal etwas Arbeit zu ersparen, die sowieso schon geschaffen wurde. ( )

Wäre obiges eine E-Mail, wäre im ( ) jetzt wohl ein Smiley.

Die Reihenfolge der aufgeführten Reformen gibt weder deren auszuführende Wichtigkeit, noch Unwichtigkeit an.

Steuerreform

Würde die Regierung das Geld selbst als öffentliches Gut verwalten und herausgeben und auf dessen Ausgabe selbst die Zinsen kassieren, so wäre von heute auf morgen praktisch jegliche Steuer überflüssig!

Im Jahr 2000 beliefen sich die Bankzinserträge in Deutschland bei 724 Mrd., womit diese **79 %** der gesamten Steuereinnahmen (913 Mrd.) ausmachten!

Doch Regierungen können mit Geld grundsätzlich nicht umgehen, dies zeigt die Geschichte. Doch würde man das Thema Geld als öffentliches Gut ansehen und wie Wasser, Straßennetz unter staatlicher Verwaltung stellen, so würden nur mit dieser Maßnahme sämtliche Schikanen und Papierberge durch Steuererhebung, Erfassung, Kontopfändungen, Überwachung und Bespitzelung erledigen – da nur mit den Zinseinnahmen die Steuer überflüssig wäre.

Die Alternative wäre, Banken zu zwingen, endlich aufzuhören die kriminelle Elite durch Zins und Zinseszins noch reicher zu machen und die Steuererfassung derart einfach zu machen, dass sich eine Banken/Geldverstaatlichung erübrigt.

Also bleibt die Steuerreform an sich, ohne Finanzierung durch Zinseinnahmen.

Zusammenfassend lässt sich das Dilemma der Mehrheit heutiger Steuersysteme wie folgt beschreiben: Öffentliche Aufgaben, die laut Regierung niemand privat erledigen würde oder könnte, benötigen zu ihrer Bewältigung eine Finanzierung in Form von Geld.

Indem diese Bewältigung erzwungen und nicht auf Freiwilligkeit beruht, sollen es (laut Regierung) Steuern sein, die natürlich nur dort erhoben werden können, wo Geld seinen Sinn und Zweck erhält: bei den Produzenten realer Güter.

Indem Regierungen durch Umverteilung umfangreiche Beschäftigungen finanzieren wollen statt realer Leistungen, erfüllen sie das erste Prinzip, mit dem Beschäftigung statt Produktion gefördert wird. Denn ergibt der Einsatz von Geld keine Befriedigung von Bedürfnissen, wie es bei reiner Beschäftigung der Fall ist, so erzeugt diese Verschwendung von Geld eine Knappheit eben an diesem Geld, welches zuvor von Produzenten realer Güter und Leistungen genommen wurde. Knappheit an Dingen wird Probleme, endlose Schwierigkeiten hervorbringen und widmet sich die Regierung diesen, dessen Ursache sie selbst ist, so erfüllt sie das zweite Prinzip, indem sie sich der Symptombeseitigung verschreibt. Almosen für Sozialfälle, Mietsubvention, Vergünstigungen, Subvention für die Freunde, Spenden an..., Kredite an... usw. - all dies und viel mehr, um der Bevölkerung das Gefühl eines sozialen Friedens zu geben, einen falschen Frieden, den diese selbst bezahlen **muss**.

Diese Umverteilungen verselbständigen sich und machen zu irgendeinem Zeitpunkt weitere Steuererhebungen notwendig. Die Mehrheit dieser Steuererhebungen zur Symptombeseitigung halten die Opfer (Produzenten) ruhig, da sie auch ihnen scheinbar Vorteile zukommen lassen, womit sich das dritte Prinzip erfüllt. Wenn es ums Sparen geht, wird keine dieser Gruppen, ob produktiv oder nicht, auf die Subventionen, die Spenden, die Kredite oder Almosen verzichten wollen und wird (wie es in einer „Demokratie" üblich ist) damit drohen, bei der nächsten Wahl die Unterstützung zu entziehen, sollte die Umverteilung gestrichen oder nur gekürzt werden. Dieses Gerüst insgesamt gibt dem gesamten ein Bild von Willkür und Wankelmütigkeit, und die rasante Entwicklung mag dem Recht geben. Das vierte Prinzip tritt dort in Erscheinung, wo das exponentielle Wachstum voll wirksam ist, um an dem Punkt, wo Panik aufkommt, seinen Wirt und sich selbst unter die Erde zu bringen.

Derzeit, 2014, sind nahezu alle Länder abnorm hoch verschuldet.

Diese Schulden allein sorgen für ein diktatorisches erzwingen der Steuerabgaben und während die wirklich Reichen und die Besitzer von Grund und Boden, Geld, Monopolinhaber u.a. nichts zu befürchten haben, sehen sich die unteren 99 % mit immer mehr ins Detail gehender Kontrolle drangsaliert.

Wenn, wie in Deutschland, die Staatsquote bei 47 % steht, muss im laufenden Jahr jeder zweite Euro für diese Gruppe, genannt Regierung, gegeben werden, ohne Schulden abzubezahlen.

Und wenn ALLE Regierungen abzüglich der gezahlten Schulden der vergangenen Jahrzehnte, praktisch schuldenfrei sind, macht eine Steuerreform nur wirklich Sinn, wenn die Geldreform konsequent angegangen wird. Es gibt für die Elite kein Recht auf Schmarotzerei, nur weil die Vorfahren gerissene Verbrecher waren!

In welche Richtung muss die Reform gehen?

Die Reform des Steuerwesens hin zur freiwilligen Zahlung, so wie jeder Warenkauf mehr oder weniger freiwillig ist, ist derzeit noch reines Wunschdenken, aber eine höchstmögliche Vereinfachung des Steuerwesens ist sehr einfach möglich.

Allerdings, es hängen viele, viele Millionen Menschen am Tropf der Regierung, und wenn das einfache noch so klar und deutlich ist, diese

Millionen werden schreien und heulen, es nicht zu tun. Kaum jemand wird allerdings sagen, dass er dann vielleicht Gefahr läuft, zu arbeiten. Natürlich nicht. Aber so ist das mit Veränderungen.

Die Reform muss in Umkehrung zum obigen ersten Prinzip zur Produktion statt Beschäftigung hinführen. Dann muss sie Knappheit beseitigen, statt an den Symptomen zu pfuschen. Und dass sich Politiker nicht die Zustimmung breiter Schichten der Bevölkerung durch deren eigenes Geld, mittels Umverteilung erkaufen kann (teile und herrsche). Und kein weiteres exponentielle Wachstum von „Lösungsversuchen".

Sie muss für den Einzelnen die Kosten sichtbar werden lassen und sie muss dem Einzelnen entsprechend seiner wirtschaftlichen Aktivität (in Höhe seines Kaufvolumens) die Rechnung präsentieren.

Steuer ist unpopulär. Sie war es immer.

Ein Trick, diese trotzdem erhöht zu bekommen, ist, diese „unsichtbar" zu machen. Dem Arbeiter und Angestellten wird diese einfach abgebucht, fängt jemand irgendwo eine neue Tätigkeit an, wird er sich nach wenigen Monaten an diese Abbuchung gewöhnt haben, der Arbeitgeber und Selbständige allerdings muss sich wirklich mit den sichtbaren Steuerarten herumschlagen. Monat für Monat oder im Quartal oder jährlich muss er ausrechnen, wie viel zu zahlen ist – und zusehen, diese teils unglaublichen Summen pünktlich an das Inkassobüro der Regierung zu überweisen.

Deshalb tun Regierungen so ziemlich alles, das Leben der kleinen Unternehmer und Selbständigen schwierig zu machen, gleichzeitig tun und unterstützen diese all das, was große Unternehmen, Monopolisten, AG`s, internationale Konzerne noch größer werden lässt (diese haben pro Mitarbeiter weit weniger Verwaltungsaufwand und je größer die Unternehmung, um so deutlicher hat diese ihre Größe den Enteignergruppen zu verdanken, bzw. ist diese Unternehmung Teil von diesen) da diese (die kleinen Unternehmer) wirklich sehen, was zu zahlen ist – und sich wehren mittels Steuerberater, Eingaben und einige wenige Möglichkeiten, die diese so haben.

Es ist nur logisch seitens einer Regierung, zum Schluss durch Großunternehmen nur noch Lohnarbeiter haben zu wollen! Steuer wird einfach „unsichtbar" abgebucht. Ein Traum. Natürlich können Politiker nicht logisch denken und vergessen, wie Lohnempfänger überhaupt entstehen – durch jene immer weniger werdenden, die Arbeit geben, sich Arbeit ausdenken, neue Arbeit schaffen.

Wenn gearbeitet wird, will mit der Bezahlung später etwas gekauft werden, die bloße Existenz und andere Bedürfnisse befriedigt werden.

Diese Reform würde für alle Verkäufer sichtbar etwas unangenehm werden, da diese das Gefühl bekommen würden, dass alles teurer wird, was nicht der Fall ist. Die Steuer wird nur an anderer, an sehr viel weniger „Stellen" erhoben werden.

Die Reform.

Um der verwirrenden und unnötig beschäftigt haltenden Vielfalt im Steuerwesen ein Ende zu bereiten, werden alle Steuern durch eine neue Steuer, die sogenannte Verkaufssteuer ersetzt. Diese Verkaufssteuer beträgt nur EINEN PROZENTSATZ und wird auf jeden Verkauf an ENDVERBRAUCHER gleichmäßig erhoben.

Die Folgen wären unter anderem, dass die Steuerämter sich nur noch an die Verkaufsstellen von Waren und Leistungen (Haus, Miete, Ernährung, Auto, Energie, Urlaub, Ware, Dienstleistungen jeder Art.), wenden, statt zusätzlich an jeden Arbeiter und Angestellten. Alle Arbeiter und Angestellten würden also deren Nettolohn plus Lohnsteuer ausgezahlt bekommen, Unternehmer, Selbständige, Freiberuflicher müssen sich keine Gedanken um unterdrückerische Einkommensteuer, Gewerbesteuer machen, doch werden deren Produkte durch die eine Steuer auf dem Verkauf teuer. Letztendlich wird Geld immer gegen eine Ware oder eine Leistung getauscht und landet bei einer Verkaufsstelle, beispielsweise dem Supermarkt, dem Jeans-Laden, dem Plattenladen, dem Fleischverkäufer, in der Dienstleistungsbranche ist die Dienstleistung das Produkt, der Verkauf, auf welchem die Steuer erhoben wird.

Die Produktion wird sehr erleichtert, kein Produzent muss sich Gedanken um die Steuererklärung machen und wie er sie umgehen oder manipulieren kann. Er kann sich einfach seiner Arbeit widmen und weiß immer zu jeder Zeit, wie viel er am Ende des Monats oder Quartals abgeben muss. Einfach X-Prozent vom Verkauf - das wär's! Eine Karte wird als Steuerklärung genügen!

Dienstleistungen aller Art gelten hier natürlich als „Ware".

„Aber was ist mit den bösen Kapitalisten, die Millionen und Milliarden besitzen? Die haben doch schon alles und müssen kaum noch Dinge kaufen? Das ist Ungerecht!" Stimmt! Ist es!

Doch in der Praxis haben sich unsere Reichen längst aus jeglicher Verantwortung entzogen und Banken und Regierungen plus Steuer- und Unternehmensberater verarschen ganze Völker, indem diese den wirklich Reichen helfen, deren Geld zu verstecken. Ob in Steueroasen oder in Stiftungen. Aus peinlicher Angst oder Feigheit oder nackter Raffgier, es soll hier egal sein.

Am 14.12.2012 wurden Berichte im Internet veröffentlicht, wo unsere „hart arbeitenden" Reichen, und in welcher Höhe diese Geld in Steueroasen verstecken. Es ist die Rede von ca. 21.000 Milliarden (21 Billionen). Anscheinend wird dieses Geld im Inland durch Zins und Zinseszins nicht mehr genügend „belohnt", und diese Reichen, obwohl diese den unterdrückerischen Gesetzen der jeweiligen Regierung ihre Vermögen (selten durch harte Arbeit) zu verdanken haben, verstecken trotzdem ihre Vermögen.

Lasst die kleinen Idioten, den Pöbel, alles zahlen. Was geht mich das an. Tobinsteuer wäre nur eine weitere Kompliziertheit. Denn erst mal müsste man dieses Geld finden und wir haben schon eine Art sozialistische Diktatur, jede weitere Steuer bringt uns mehr Diktatur.

Indirekt über diese Steueroasen, sorgen diese versteckten Gelder auch zur Finanzierung oder ermöglichen die Geldwäsche von Waffenhandel, Geheimdienste, Drogenhandel, Fonds, Hedgefonds und sorgen dann international für Krisen jeder Art.

Nur eine einzige Steuer würde unsere „treuen" Reichen dumm aussehen lassen, ihr hart verdientes Geld nicht zurück ins Land zu holen.

Um diese „treuen" Reichen allerdings in die Verantwortung zu bekommen, muss auch die Geldreform und Mehrwertreform angewendet werden. MUSS!

Letztendlich, bei nur einer Steuer auf den Verkauf, kann die Staatsführung zur Durchsetzung ihrer wirtschaftlichen Vorstellungen, nicht mehr auf das Instrument der Umverteilung zugreifen, denn da sie nur noch den einen Faktor der Verkaufssteuer als Einnahmequelle übrig hat, kann sie einzig und allein erhöhen oder senken, - beides ist für die Steuerzahler wahrnehmbar und beides gilt immer für alle Produzenten.

Es ist leichte Rechenarbeit, man ziehe prozentual Summe X von der Lohn-, Einkommens-, Gewerbe- und den vielen anderen Steuern ab und legt diese prozentual auf die Verkäufe, z.B. auf die Mehrwertsteuer.

Steuer ist nie gerecht, auch diese nicht. Und selbst „soziale" Dienstleistungen müssen diese eine Steuer zahlen.

Wenn überhaupt, sollte selbst die eine Steuer nur ein Zwischenspiel sein – denn irgendwann vielleicht, zahlt jeder Steuer wie man heutzutage spendet, soviel wie man möchte und wohin oder an wen man möchte.

Das Steuerrecht (eine Steuer) wird selbst für Kinder verständlich. Steuergesetze können reihenweise gestrichen werden.

Wer nicht oder wenig konsumiert, ob Ware, Miete, Dienstleistung, kann nun leichter, viel leichter sparen und sich dann wirklich brauchbare Dinge, die er sich heutzutage nicht leisten kann, viel leichter kaufen.

Das entscheidende ist, dass die jeden Produktiven bestrafende Lohn –

und Einkommensteuer verschwindet. Gibt es diese beiden nicht, können alle Produktiven von sich aus ansparen, anstatt nach Darlehen oder Kredite nachfragen zu müssen und einhergehender Verschuldung.

Und eine einzige Steuer auch eine ökologische Angelegenheit.

Als Beispiel: Sie als Arbeitnehmer gehen täglich einer Arbeit nach und erhalten einen gewissen Betrag am Monatsende ausgezahlt. Statt vom Lohn, Gehalt oder Gewinn steuerliche Forderungen in Abzug zu bekommen, erhalten Sie Ihr Geld voll ausgezahlt! Erst dann, wenn Sie oder Ihre Familie dieses Geld für Kleidung, Essen, ein neues Auto, ein Haus oder, oder, oder ausgeben, erst dann kommt die Verkaufssteuer zum Abzug, jedoch nicht bei Ihnen, sondern bei der Verkaufsstelle, also beim Jeans-Store, beim Restaurant, Autohändler, Immobilienverkäufer oder, oder, oder.

Die Steuerbehörde hält sich einzig und allein an die Verkaufsstellen, also alle Firmen, Unternehmen, Händler, an die sich ein Käufer wendet um etwas für sein Geld zu kaufen!

Jede Art von Halbtagsjobs, Nebenjobs, Wochenendjobs, die häufig durch unglaublichen Verwaltungsaufwand verhindert werden, verlieren einfach ihre Daseinsberechtigung, da sie nur komplizierte Konstrukte der Steuergesetzgebung sind!

Jeder Produzent kann sich Hilfe holen für so viele Stunden wie notwendig und dementsprechend den Lohn zahlen, ohne Steueranteil, er zahlt erst viel später nur die eine Steuer auf seine Dienstleistungen oder verkauften Güter.

Wenn Sie privat und/oder selbständig eine Dienstleistung erbringen oder Dinge verkaufen wie Nachhilfe geben, Babysitten, Websites erstellen, Obst verkaufen, irgend einer Art Arbeit nachgehen, dann liefern und produzieren Sie etwas, und es hat niemanden zu interessieren, ob Sie dies nur 10 Minuten oder 16 Stunden am Tag tun, Sie zahlen einfach eine Steuer auf den Verkauf, - das war's! Sie können wirtschaftlich tun und machen was Sie wollen, wann Sie wollen und wie Sie es wollen - es hat die Regierung nichts anzugehen, solange Sie niemanden schädigen!

Weitere Folgen: Finanzbeamte verbringen nicht unerhebliche Zeit damit, in Ihren Privatangelegenheiten zu spionieren. Praktisch jeder Bürger, der Steuern zahlt, besitzt auch eine Akte in seinem Finanzamt oder ist digital gespeichert. Werden die Produktionseinkommen nicht mehr besteuert und nur der Waren- und Leistungsanbieter/-verkäufer durch eine einzige Verkaufssteuer belangt, so fallen alle Arbeiter und Angestellten, alle Lohnempfänger heraus.

Die Steuererklärung wäre denkbar einfach und kann aus einer simplen Karte bestehen, auf welcher die Bruttoverkaufserlöse der Güter oder

Leistungen angegeben werden. Keine Vorauszahlungen, kein Lohnsteuerjahresausgleich, keine Bilanzierung, die dem Finanzamt zur Kontrolle übergeben werden muss oder anderer zeitraubender Irrsinn. Die Fleißigen können aufhören sich Gedanken darüber zu machen, wie sie ihren Verdienst vor dem Zugriff im Ausland, auf geheime Konten, unterm Kopfkissen oder lieber gleich durch Schwarzarbeit vorbei an der Legalität, behalten können. Alle Produzenten können sich voll und ganz um ihre Arbeit, und dann um ihr Privatleben kümmern, keine Auseinandersetzungen mehr mit Steuergesetzen oder unnötige Kosten für den Steuerberater. Rechtsanwälte, Wirtschaftsprüfer und Finanzberater werden einen ziemlichen Mangel an Arbeit bekommen, doch ist das dem ökonomischen Prinzip nach auch sehr sinnvoll, da deren Tätigkeiten überwiegend reine Beschäftigungen (Symptombehandlungen) sind.

Gehören Sie zu denjenigen, die eine Geschäftsidee umsetzen wollten, doch das Geld nicht zusammen gespart bekamen? Nun könnten Sie durch Ihre Arbeit in weit weniger Zeit die notwendigen Gelder zurücklegen, um dann die Idee umzusetzen. Arbeiten sie viel, sparen Sie an Ihren Ausgaben, und Sie können ziemlich hohe Beträge an Eigenkapital zusammenbekommen. Ein Alptraum für jede Bank! Was an Kredit benötigt wird, wird bei entsprechendem Eigenkapital immer leichter genehmigt, doch wird eine Geldreform Ihnen (bei einer guten Idee und entsprechenden Sicherheiten etc.) Kredit oder Darlehen förmlich aufzwingen wollen. Letztendlich aber gilt: Kein Gedanke daran, dass Sie von Ihrem Gehalt prozentual immer weniger erhalten, je mehr Sie arbeiten (Bestrafung), keine Lohn/Einkommenssteuer-Progression, sodass diese entsprechend Ihrem Einkommens steigt.

Bringen die Reichen ihr verstecktes Geld zurück in das Land, erhöht dies die Eigenkapitalquote der Banken und diese könnten es einfacher verleihen, niedrigere Zinsen, gesündere Banken.

Es gibt (aus der Sicht des Fleißigen) keinen einzigen Grund, warum es mehr als eine Steuer oder mehr als einen Steuersatz gibt. Grundsätzlich ist jede Steuer Willkür, es gibt in Wirklichkeit keine Sinn machende Rechtfertigung für irgendeine Steuer, außer jene, dass vor Generationen die Führungen und ihre Freunde nicht arbeiten wollten, dass ist alles dazu, was Sie eigentlich wissen müssen. Ich glaube, ich bin **nicht** der einzige, der so denkt.

Der Idealfall einer Staatsfinanzierung wäre die der freiwilligen Spenden und Gebühren, und sollte die Verbrauchssteuer konsequent eingeführt werden und die Leute gefallen daran finden, ist es nur noch eine Frage der Zeit, bis sich auch diese erübrigt. Jeder notwendige Job innerhalb einer Regierung kann wie der des Arbeiters, Unternehmers oder Angestellten nach Leistung bezahlt werden, und so wie zwei Käufer für die Ware des anderen das geben, was diese ihnen wert ist, so wird vielleicht irgendwann kein Volk mehr zulassen, die Führung auf andere Art und Weise zu entlohnen. Warum auch! Der Staat ist ein Dienstleistungsunternehmen, er weiß es nur noch nicht und ist derzeit ein Werkzeug zur Kontrolle und Enteignung der vielen.

Mit vielen, vielen Steuergesetzen kann alles gesteuert werden, können gesamte Produktionszweige ruiniert werden, mit den Ausgaben dieser Einnahmen können Familien zerstört werden, am laufenden Band Ungerechtigkeit produziert, zerstörerische Gruppen heimlich finanziert werden. Unsere derzeitige Steuer erst, ermöglicht den internationalen Konzern, die AG und diesen Dreck. Denn wer kann sich ganze Steuerkanzleien und Juristenbüros leisten, die Tag und Nacht ausarbeiten, wie deren Auftraggeber keine Steuer zahlt? Richtig, der internationale Konzern, die AG, die Banken und Versicherungen. Was meinen Sie, warum sich keiner dieser Konzerne lautstark für wirkliche oder gerechte Steuervereinfachung einsetzt? Geschweige einer Geldreform? Oder noch schlimmer, einer Mehrwertreform? Auch richtig, es würde diesen ach so wichtigen Großkonzern nicht geben!

Aber das soll erst mal egal sein. Eine einzige Steuer macht alles einfacher und auch die Ausgaben würden in neuen Blickwinkel geraten. Diese Großunternehmen, die Geldbesitzer, die Besitzer von Staatsanleihen werden obige Steuerreform hassen. Und wahrscheinlich bekämpfen.

Es gibt eine Theorie, wonach wir die uns alle arm haltende Marx`sche Lohn und Einkommensteuer nur deshalb bezahlen müssen, weil durch diese Summen direkt die Besitzer der Staatsanleihen, die heimlichen Besitzer in Banken, Versicherungen u.a. Drecksläden, den Zins und Zinseszins bezahlen.

Wenn dem so ist, so ist die Lohn-, Einkommensteuer und Gewerbesteuer einfach nur ein Verbrechen, installiert von bösartigen Geldleuten.

Wohlfahrts-, Sozial-, Versicherungsreform

Wohlfahrt, Sozialeinrichtungen und das gesamte Versicherungsgewerbe baut auf Hilfe auf. Dies ist vom Grundgedanke her löblich, sozial und anständig und man sollte den Hut vor Menschen ziehen, die sich beruflich von früh bis spät mit den oftmals unangenehmen Dingen des Lebens auseinandersetzen.

Es muss auch nicht wirklich viel verändert werden, bis auf die Art der Finanzierung. Denn diese sorgt derzeit für ein exponentielles Anwachsen der Forderungen, ein Ausnutzen der Allgemeinheit wie sie allein für sich, die gesamte Volkswirtschaft ruinieren kann.

Versicherungen (und Wohlfahrt und Soziales sind an sich reine Versicherungen) sind das Ideal einer Umverteilung von A nach B. Die Gesunden zahlen für die Kranken, die Fleißigen für die Faulen, der Achtsame für den Unachtsamen. Dies schreibt sich hier natürlich recht einfach, gibt es einzelne Schicksale, die ihre familiäre Umgebung durch die finanzielle und persönliche Aufmerksamkeit binden würden, würde nicht die Gemeinschaft für die oft hohen Kosten aufkommen, die eine Invalidität, großer Verlust an Eigentum, oder Sachschäden am Eigentum fremder Menschen mit sich bringen können.

Fakt jedoch ist: Unser bekanntes ökonomisches Prinzip lehrt das Mitglied der Versicherung **nicht** darin, mit den vorhandenen Mitteln wie im Beruf und im Leben durch Erfahrung immer effektiver umzugehen. Der Schaden, verursacht durch einen persönlichen Fehler, hat keine fühlbaren finanziellen Folgen und im Gegenteil, wer krank ist, dessen Bedürfnisse werden ohne Leistung gedeckt und schlimmer noch, er macht dadurch eine Erfahrung, die ihm suggeriert, dass Fehler zu machen kein Problem ist, ihm sogar einen zusätzlichen Urlaub einbringt. Es ist sogar von Nutzen, da er zuvor eingezahlt hat und nun endlich einige seiner Beiträge auf diese Art zurückholen kann - so der unausgesprochene Gedanke vieler (ich selbst mache keine Ausnahme).

Und somit dreht sich das ökonomische Prinzip in sein Gegenteil. Kaum ein westliches Land plagt sich nicht mit rapide steigenden Kosten für seine Wohlfahrt, und die „Lösungen" verschlimmern alles, statt der ursprünglichen Absicht von Wohlfahrt gerecht zu werden.

Doch auch finanziell arme oder unproduktive Nationen, wo die allerärmsten durch Almosen am Leben gehalten werden, bringen sich selbst in eine Situation, in der mit den vorhandenen Mitteln nicht effizient genug umgegangen wird.

Wohlfahrt/Soziales ist wie eine Waffe, welche die Produktiven gegeneinander aufbringt, denn sie gestaltet es den Einzelnen einfach, auf Kosten der Kollegen zu leben. Das ökonomische Prinzip, dass ein angestrebter Erfolg mit möglichst geringen Mitteln erreicht, und mit den gegebenen Mitteln ein größtmöglicher Erfolg erzielt werden soll, wird durch den Aufbau der staatlichen „sozialen" Wohlfahrt und der privaten, der gewinnorientierten Versicherungskonzerne, auf den Kopf gestellt.

Wie bei jeder Lüge verlieren am Ende beide Seiten, dann rächt sich das „schöne Leben" durch einen großen Zusammenbruch und dann, danach, haben beide Seiten ihre Sicherheit verloren. Es wird dann niemand mehr jemanden helfen, außer sich selbst, was auch als Egoismus geläufig ist.

Wohlfahrt kann sich ein Volk nur leisten, wenn nach der Arbeit etwas übrig bleibt und freiwillig abgegeben werden kann. Fortschrittliche Staaten, und Fortschritt geschieht nur durch Fleiß und Produktivität, können sich Hilfe bis zu einem Punkt leisten, wird es mit der Hilfe übertrieben, wird die Lust am arbeiten boykottiert durch erzwungene Abgaben, wird bald keine Produktion mehr geleistet und was dann kommt, muss nicht weiter aufgeführt werden.

Versicherungen sind nicht nur ein Geldproblem.

Wurde vor noch gar nicht so vielen Tagen die Wohlfahrt innerhalb der Familien getragen, auch die Fürsorge für die Alten, wodurch ein Zusammengehörigkeitsgefühl, Solidarität und ein Familiensinn erhalten blieb, so kann sich das Versicherungs- und Wohlfahrtsgewerbe wohl auf die Fahne schreiben, einen massiven Schlag gegen jeglichen Zusammenhalt der Familienbande per Gesetz vollzogen zu haben. Die Praxis beweist es, und die durch staatliche Fürsorge beglückten Nationen haben in nur wenigen Generationen die menschlichen Beziehungen derartig verkompliziert und zerstört, wie es zuvor Tausende oder Hunderttausende Jahre Entwicklung nicht vermochten.

Dies hört sich alles so an, als ob für ihre Abschaffung gestimmt werden sollte, doch weit gefehlt, denn die Reform ist denkbar einfach.

Um die zerstörerische Grundlage „sozialer" Wohlfahrt und aller Versicherungen zu veranschaulichen, soll sie hier mittels der Prinzipien 1-5 betrachtet werden.

Das Wohlfahrt- Versicherungssystem ist so aufgebaut, dass Geld als Ergebnis von Produktion, von dem Produktiven (vom gesunden, vorsichtigen) genommen wird, um es dann an jene umzuverteilen, die gerade nicht produktiv sein können aufgrund von Krankheit oder Unfall oder denen Schaden zugefügt wurde. Dies wäre das erste Prinzip. Infolge des Aufbaus des Wohlfahrtsystems und seiner konsequenten Ausrichtung auf Symptombehandlung, statt darauf, die wirkliche Ursache (Knappheit) zu beseitigen (Prinzip 2), stellt dieses System allen

Versicherten zusammen „hoch-beschäftigte" Gruppen als Dienstleister in Rechnung. Diese sind derart beschäftigt mit den Symptomen, statt die Ursachen anzugehen, infolgedessen sich weitere falsche „Lösungen" (Anzahl der Medikamente, medizinische „Durchbrüche", Genmanipulationen, Altenpflege usw.) durch Gesetz und Verordnung ähnlich wie Krebs, ausbreiten (Prinzip 4). Und etwa im gleichen Verhältnis steigen auch die Kosten. Die „hoch beschäftigten" Symptombehandler (Pharmaunternehmen, Sozialversicherungen, Versicherungskonzerne u.v.m.), schützen durch diese ökonomische Falle gegenseitig ihre Einkommen. Sie teilen scheinbar ihren „Erfolg" mit den Versicherten und herrschen so über sehr große Teile aller verfügbaren Einkommen. Im Ergebnis bekommt ein großer Teil der Weltbevölkerung eine unglaublich teure Wohlfahrt und teure Versicherung, letztendlich teure Hilfe, welche nach gesunden Prinzipien aufgebaut, finanziell kaum ins Gewicht fallen dürfte. Womit das fünfte Prinzip Realität erhält.

„Soziale" Wohlfahrt ist ein Schwindel! Es ist die hohe Kunst des Trickbetrügers, maximale Gewinne einzufahren und dabei produktiv auszusehen, während der Gesundheitszustand der Bevölkerung sich ständig verschlechtert. Die Reform muss das ökonomische Prinzip, die Umkehr der fünf Prinzipien, wirkliches Angebot und Nachfrage wiederherstellen und jeder Art Monopol einen Riegel vorschieben.

Wenn Sie sich all die obigen Enteignergruppen und deren „Produkte" genau anschauen, wird Ihnen evtl. Folgendes auffallen: Im normalen Produktionsgewerbe fallen durch Konkurrenz teils schon nach Wochen die Preise für deren Produkte. Steuer (Regierung), Rundfunkgebühr (Zwangskultur), Soziales (Versicherung), Energie und andere monopolisiert, aufgezwungene Erzeugnisse steigen in ihren Preisen. Die Enteignergruppe sagt einfach, wir brauchen mehr Geld und da scheinbar nur sie diese Sache anbieten, bekommen sie auch das Geld.

In Deutschland war man 1970 noch für 8,2 % krankenversichert, heute muss man knapp 15 % seines Bruttogehalts hinlegen und zahlt das meiste auch noch selbst. Und es ist nicht einfach eine Preiserhöhung, es ist von jedermanns Lohn und Gehalt in Prozent. Ein Traum für jedes Unternehmen. „Da wir nicht liefern können (Gesund machen, oder heilen), müssen alle mehr zahlen". Dieses Muster kann quer durch die gesamte Versicherungsunternehmung beobachtet werden, bei allen Gruppen hinter Zwangsabgaben.

Obwohl das System für die Allgemeinheit untragbar ist, haben selbst die Beteiligten teils erhebliche Probleme damit.

Während es 1931 in Deutschland unglaubliche 6985 Krankenkassen gab, sind es 2013 nur noch 134. Man kann also erkennen, dass selbst jene, die trotz steigender Kosten scheinbar profitieren, selbst in Schwierigkeiten geraten. Allerdings, Krankenversicherungen sind letztendlich eine Art Inkassobüro, ähnlich dem Finanzamt für die Gruppe „Regierung". Wo das Geld u.a. hinkommt, über die Krankenkasse zur Pharmaindustrie, werden teils noch Milliardengewinne im Jahr erzielt. Man könnte auch sagen, Enteignergruppen lassen es nicht mal jenen gut gehen, die das Geld hereinholen. Es könnte etwas über den Charakter über diese Gruppen aussagen... .

Was also tun um gegen diese schleichende Enteignung, gegen diese aufgezwungene Umverteilung anzukommen?

Dies geht wie folgt:

1. Es bleiben alle Versicherungen wie Kranken-, Unfall-, KFZ-, Sozial-, Rentenversicherungen und all die anderen ganz normal erhalten.

2. Die Beiträge, die jeder Versicherte einzahlt, gehen jedoch nur noch zu einem kleinen Teil in das Gemeinschaftskonto. Stattdessen gehen (je nach Schadensumme) z.B. zwei Drittel der Beiträge auf ein **persönliches Konto**, das von der Versicherung verwaltet wird, ähnlich wie das Geld bei der Bank auf einem eigenen Konto und das verbliebene Drittel geht in das Gemeinschaftskonto.

3. Der Versicherte hat immer die Beiträge für den Gemeinschaftstopf zu zahlen, während für das eigene Konto eine willkürliche Summe (z.B. ein Jahresbeitrag) festgelegt wird. Ist diese Summe angespart, muss nicht weiter eingezahlt werden!!

Beispiel Krankenversicherung: Übliche Einzahlung bei 15 %, 300€ im Monat. Hier stattdessen 2/3 = 200€ auf das eigene Konto, 1/3 auf das Gemeinschaftskonto. Die Krankenkasse legt die anzusparende Summe mit z.B. 10.000€ fest, so zahlen junge Leute (10.000 geteilt 200 = 50) 50 Monate ein und die 10.000€ sind erreicht. **Keine weitere** Einzahlung!

4. Nimmt der Versicherte aufgrund von Krankheit oder Unfall seine eingezahlten Beiträge zum Teil oder vollständig in Anspruch, so muss er danach sein persönliches Konto wieder bis zum Jahresbeitrag durch monatliche Beiträge ausgleichen.

Beispiel: 1.600€ werden für den Zahnarzt benötigt. 10.000 Minus diesen Betrag sind gleich 8.400€, Kunde zahlt nun 8x 200€ monatlich ein. Dann keine weitere Einzahlung!

5. Erfordern seine Krankheit oder die von ihm fabrizierten Schäden eine Summe, die über das Guthaben des persönlichen Kontos hinausgeht, springt die Versichertengemeinschaft mittels des Gemeinschaftskontos ein und begleicht alle finanziellen Forderungen, womit der ursprüngliche soziale Sinn und Zweck der Wohlfahrt und der

Versicherung gewährleistet ist!

Beispiel: Behandlung kostet 30.000€. Die 10.000€ plus 20.000€ aus dem Gemeinschaftskonto werden benötigt. Wird der Kunde wieder gesund, so zahlt er seine 10.000€ mit je monatlich 200€ und die 20.000€ an die Gemeinschaft zurück. Er hat dann einige Jahre zu zahlen, ist aber gesund.

Es ist unpopulär, doch es ist jedermanns eigene Verantwortung gesund zu sein oder nicht.

6. Der Versicherte muss nun nicht nur sein Konto wieder ausgleichen, sondern so viele Monate den vollen Monatsbeitrag weiterzahlen, bis er die Entnahme aus dem Gemeinschaftstopf zurückgezahlt hat!

Verursacht er einen Millionenschaden, müsste er vielleicht bis zu seiner eigenen Rente monatlich zahlen, der Rest der Schuld bleibt dann bei der Gemeinschaft. Doch bis zur Rente oder bis zum Tod zahlen, ist derzeit die übliche Praxis. Hier springt die Gemeinschaft ein, wenn ein zu hoher Schaden verursacht wird, also mit einem möglichst rückzahlbaren Kredit.

Die Versichertengemeinschaft leiht praktisch, wie die Guthabenbesitzer einer Bank dem Kreditnehmer, nur die benötigte Summe und berechnet dafür auch Gebühren! Durch dieses System wird jeder Versicherte dazu gezwungen, auf seine Gesundheit zu achten und vorsichtig zu sein, denn ihm wird sein Fehlverhalten vollständig berechnet. Es zwingt zur Eigen-Verantwortung.

Jemand der auf sich Acht gibt, könnte also wenige Jahre einzahlen (bei 10.000€ z.B. 50 x 200€) und dann jeden gesparten Betrag Monat für Monat für andere Dinge ausgeben.

7. Personen, die grundsätzlich arbeiten könnten (Arbeitslose, Sozialhilfeempfänger usw.), werden anteilig entsprechend der Mitgliederanzahl der Versicherung aufgenommen. Also jedes Unternehmen muss prozentual gleich viele dieser Mitglieder aufnehmen. Da sie keine Beiträge einzahlen können und auch bei Krankheit und Schadenverursachung die Gemeinschaft belasten, werden ihnen die Beträge wie bei einem Kredit nur geliehen und genauso mit Gebühren belastet wie bei einem normal Versicherten. Diese Forderungen belasten natürlich den Gemeinschaftstopf. Da die Versicherung im freien Wettbewerb steht und entsprechend Mitglieder gewinnt, wie sie mit günstigen Beiträgen oder guten Leistungen werben kann, wird sie und alle Versicherten ein Interesse daran haben, die produktiven und zahlungsfähigen Mitglieder zu bekommen. Andererseits würden wirklich hilfreiche Versorgungen Einfluss gewinnen um jene, welche die Beiträge nicht zahlen können,

arbeitsfähig zu bekommen, um dann die Beiträge zu erhalten.

Und, ob arbeitslos oder nicht, ist oder wird jemand nicht krank, belastet dieser die Gemeinschaft nicht. Es könnte sein, dass zwar jemand arbeitslos ist, die Gemeinschaft jedoch nicht belastet weil er Ersparnisse besitzt.

8. Die Zukunft jeder Gesellschaft sind die Kinder. Die Familie mag sie großziehen, ausbilden und viel Zeit opfern, doch könnten die sozialen Verpflichtungen, die eine moderne und auf Geld aufgebaute Gemeinschaft mit sich bringt, diese Familie durch die Haftung für von den Kindern verursachten Schäden, finanziell ruinieren, was nicht im Interesse der Gemeinschaft liegen kann. Kinder sind wirtschaftlich ausgedrückt eine Investition in die Zukunft, da sie in Zukunft die Produktion liefern, welche die Alten am Leben halten wird. Wie die Arbeitslosen, Sozialhilfeempfänger usw., werden auch die Kinder entsprechend der Mitgliederanzahl der Versicherung zu prozentualen Anteilen aufgenommen. Anders als die Sozialhilfeempfänger, Arbeitslosen u.a., werden Kinder erst noch im Leben ausgebildet und dürfen oder können in der Regel erst ab einen bestimmten Alter arbeiten und selbst Beiträge zahlen, die Gemeinschaft übernimmt solange mittels des Gemeinschaftskontos deren Kosten für Gesundheit, Medizin oder verursachte Schäden, bis sie selbst arbeiten und einzahlen können. Die Gemeinschaft investiert dadurch in ihre persönliche Zukunft. Dieser Faktor zusätzlich wird es im Interesse des Versicherungsunternehmens und seines Werbeinstruments der niedrigen Beiträge etc. sinnvoll erscheinen lassen, wirkliche Vorsorge in Gesundheitsfragen und Unfallschutzmaßnahmen zu treffen oder zu veranlassen. Das ökonomische Prinzip fordert eine andere Aktivität als heutzutage heraus, um die Beiträge niedrig zu halten.

Denn was haben wir heute? Sie wollen Leistung XY und müssen diese beantragen, die Krankenkasse hat ihre „Ja/Nein-Listen" und wenn Sie meinen, Vitamine, eine Kur oder anderes könnte Ihnen helfen, so müssen Sie diese genehmigen lassen (und bekommen diese normalerweise nicht genehmigt). Nun, nach obigen ist es Ihr Geld, wirklich Ihr Geld und was Sie damit machen, geht niemanden etwas an!

9. Die Beiträge für das Gemeinschaftskonto setzen sich zusammen aus den Kosten für die Arbeit des Versicherungsunternehmens und einer Risikoprämie in Höhe der Ausgaben für Gesundheit und Schäden, welche für Aufwendungen über die persönlichen Kontoguthaben der Versicherten hinausgehen, sowie der Auslagen für derzeit nicht einzahlende Versicherte und jener Kosten für die Zukunft - der Kinder. Letztendlich sind wirkliche Ausgaben, nur jene der Arbeitsgebühren für

das Unternehmen (ähnlich oder gleich den Kontoführungsgebühren bei einer Bank) und jene für die Kinder. Und Kinder haben Eltern und sollte obiges in der Praxis deutlich günstiger als das heutige Model bekommen, so könnten die Eltern sicherlich auch für Ihre Kinder ein Konto anlegen.

10. Alle anderen Auslagen werden von den Versicherten, oder sollen es zumindest, zurückgezahlt werden, weshalb regelmäßig Rückzahlungen zu erwarten wären. Das Versicherungsunternehmen muss sich weiterhin mit Rückversicherern gegen unerwartete Katastrophen usw. zusammenschließen. Insgesamt fördert obige Reform das Verursacherprinzip und zwingt jedes Mitglied zur Einhaltung des ökonomischen Prinzips bei seinen persönlichen Handlungen (zur Verantwortung), die obige Lösung zwingt alle Versicherten zur „Produktion" von fehlerfreiem Verhalten, während es gleichzeitig jeglicher Symptombeseitigung (Chemie, Pharma) ein Ende bereitet. Schnell werden sich bei den Versicherten, wie auch bei den Versicherungsunternehmen, die günstigsten und effektivsten Heilungs- und Behandlungsmethoden „herumsprechen" und auf breiter Basis eingeführt werden, genauso wie alles Erdenkliche getan wird, um Unfälle zu vermeiden. Obige Reform wird die Wohlfahrt bei ihrer Einführung zu dem machen, wofür sie ehemals gedacht war, sehr schnell sogar. Eine Tabelle würde unsere gegenwärtige gegenüber der reformierten Versicherung wie folgt darstellen:

Gegenwärtiges	Reformierte Versicherungswesen	Versicherung
a) Arbeit der Versicherung in % der eingez. Beiträge	Keine marktwirtschaftliche Kontrolle. Teils Pflichtmitgliedschaft, in d. Privatwirtschaft nur scheinbare Konkurrenz.	Deutlich günstiger, von eigener Gesundheit, Vorsicht, Vorausplanung abhängig und steuerbar. Kostenhöhe von Ihnen steuerbar.
b) Risikoprämie in Prozent der Kreditvermittlung	Keine marktwirtschaftliche Kontrolle.	Wie oben.
c) „Zins" (expon. Wachstum)	Ständig anwachsende Kosten durch ständig neue Symptombehandlungen, Betrugsmöglichkeit sehr leicht möglich (Kfz, Rente u.a.)	Über Zeit und Erfahrung Abbau von Symptombehandlungen (warum zahlen für etwas das nicht funktioniert?), warum sich selbst betrügen? Sinkende Kosten

Würde es nur ums leidige Geld gehen, so würden sie durch die Reform deutlich sparen. Es würde jedoch auch etwas an dem Grundzweck vorbeigehen. Es geht nicht nur um das Geld, es geht um kriminelle Enteignergruppen und den gefährlich, gesellschaftsschädigenden Auswirkungen ihrer Systeme.

Die derzeitige asoziale Wohlfahrt hat unter anderem die gesamte Familienstruktur in wenigen Jahren zerstört. Ob diese Reform diese reparieren kann, ist nicht eindeutig, doch indem diese schmarotzenden Systeme die Bevölkerung gegeneinander ausspielt, fällt dieser Faktor weg – und indem auch mehr Geld zur Verfügung steht, hat die eine oder andere Familie auch mehr Zeit für sich oder lebt besser zusammen, weil weniger Sorgen um die Zukunft vorhanden sind.

Sind Sie es gewohnt auf Kosten der Allgemeinheit zu leben, dann ist das gegenwärtige heutige System für Sie geeignet, doch verlieren tun wir alle daran, auch Sie selbst. Die finanzielle Ersparnis durch obige Reform ist schwer in Zahlen auszudrücken, doch nehmen wir als Beispiel eine Frau, die praktisch nie krank ist und nie einen Unfall verursacht. Diese zahlt ihren Mindestbeitrag (Beispiel 10.000€) auf ihr persönliches Konto ein und die folgende Zeit nur noch die niedrigen Arbeitsgebühren der Versicherung und die in den Gemeinschaftstopf gehende Risikogebühr für Vorauslagen, Versicherungsschutz der Kinder usw. Nachdem diese ihren Mindestbeitrag eingezahlt hat, entfallen diese Einzahlungen, die Arbeitsgebühr bleibt bestehen wie auf der Bank die Konto und Verwaltungsgebühr, die Einzahlungen in den Gemeinschaftstopf können bei niedriger Inanspruchnahme immer weiter sinken. Wurden diese durch ein größeres Unglück stark in Anspruch genommen, dann würden die Gebühren steigen. Da die Versicherten ihre Entnahmen aus dem Gemeinschaftstopf nach Genesung wieder zurückzahlen sollen, kann jeder Versicherte zu irgendeinem Zeitpunkt mit Rückzahlungen oder ständig sehr niedrigen Beiträgen für das Gemeinschaftskonto rechnen. Letztendlich zahlt jeder Versicherte eine Arbeitsgebühr für die Versicherung, einen Beitrag für die Kinder und das war's.

Ob Sie es glauben oder nicht, obige Reform ist praktisch ein Naturgesetz!

Mathematik: Mit nur 1+1+1+1+1 kann schwierig ein Polster angelegt werden, nutzt man nur etwas Technik, erhalten Sie vielleicht 10+10+10 und können davon etwas zurücklegen.

Unser derzeitiges Wohlfahrt- und Versicherungswesen sorgt ständig für Knappheit. Minus -5-5-5-5 usw., man darf nicht ansparen, man muss immer am arbeiten bleiben um monatlich Gebühren zu bezahlen, sie dürfen kaum entscheiden, was bezahlt wird, und was nicht, - Entmündigung, das Grundziel des Enteigners, ist eine Definition zu diesem Zustand.

Regierungen und Geldbesitzer sowie die Pharma- und Chemieindustrie werden diese Reform HASSEN!

Regierungen, da deren asozialen Wohlfahrtsbehörden, die „Sozialversicherung", ihren Einfluss verlieren, damit die Enteignung der Bevölkerung nicht mehr steuerbar ist; die Geldbesitzer, da diese Reform jeglicher Willkür und Geldverbrennung und Spekulation seitens Versicherungen einen Riegel vorschiebt.

Die Pharma- und Chemiebranche, da jedermann der krank ist, deren Erzeugnisse kauft und vielleicht merkt, von diesen nicht gesund, eher kränker zu werden, - und diese von dem nun seinen eigenen Geld, nicht lange freiwillig bezahlen wird!

Auch wenn es um Reformen geht, die mögliche Gegenwehr dieser Gruppen kann das Gefühl einer Revolution gleichkommen.

Geldreform

"Eigentlich ist es ganz gut, dass die Menschen der Nation unser Banken - und Währungssystem nicht verstehen. Würden sie es nämlich, würden wir eine Revolution vor morgen Früh haben, glaube ich."
Henry Ford 1920

Auf der Seite helmut-creutz.de existiert eine deutlich machende Grafik mit dem Namen „**Zinserträge der Banken im Vergleich**"

Im Jahr 2000 lagen die Bankzinserträge in Deutschland bei 724 Mrd. DM.

Prozentual machten diese 79 % der gesamten Steuereinnahmen in diesem Jahr aus und das 10,2 fache aller gezahlten Sozial- und Arbeitslosenhilfe!

Es muss betont werden, es handelt sich bei dem Zins um eine Einnahme ohne irgendwelche Produktion, ohne ein Brot, ein Auto hergestellt, ohne Kinder unterrichtet zu haben.

18% des Bruttoinlandsprodukts   (3.960 Mrd.)
28% des verfügbaren Einkommens   (2.564 Mrd.)
31% der Haushaltsausgaben   (2.314 Mrd.)
42% der Bruttolöhne und -gehälter   (1.727 Mrd.)
79% der gesamten Steuereinnahmen   (913 Mrd.)
140% des Bundeshaushalts   (518 Mrd.)
294% der Krankenversicherungskosten   (246 Mrd.)
1020% der Sozial- und Arbeitslosenhilfe   (71 Mrd.)

Zins uns Zinseszins teilt die Bevölkerung eines jeden Landes, welches mit diesem leistungslosen Einkommenssystem arbeitet, in (1. Prinzip) einen produktiven und einen unproduktiven Teil. Hier kann nicht einmal von Beschäftigung gesprochen werden, da der Zins sein exponentielles Wachstum und damit die Höhe des zu verteilenden Geldes im Lauf der Zeit selbst „erschafft". Statt durch Geld die Produktion von benötigten Gütern und Leistungen zu erleichtern, sorgt der Zins durch seine „Freikaufkosten" (Prinzip 2) für Knappheit an diesem Geld und mindert Ersparnisse oder Investitionsvermögen der Produzenten, aus dem die Produktion und im Ergebnis die Bedürfnisse der Zukunft gestaltet werden könnten. Der Mangel an diesem Geld für zukünftige Investitionen wird die Produzenten im Eigeninteresse dazu bringen, Vorteile, Zuschüsse, Gesetze, Zölle gegen die Konkurrenten, staatliche Darlehen, Subvention u.ä. Dinge zu fordern, wodurch sie selbst einen Anteil an zusätzlichen Problemen hervorrufen werden. Dieser Nachteil des Geldes, den Austausch von Gütern und Leistungen weit weniger zu fördern als möglich ist und statt dessen jene zu bestrafen, die produzieren wollen und jene zu belohnen, die Geld aus den Kreislauf heraushalten, ist neben einer destruktiven Besteuerung die Hauptursache einer Vielzahl schwer lösbarer wirtschaftlicher Probleme. Der Zins etablierte sich ständig durch das vierte Prinzip wieder neu, indem er es theoretisch durch seine Zinsgutschriften so aussehen ließ, als ob er mit den Nutznießern teilt. Das exponentielle Wachstum der Geldumverteilungen durch den Zins und die daraus steil anwachsenden Schwierigkeiten sozialer, wirtschaftlicher und kultureller Probleme, zwingt die Gesellschaft in eine Periode scheinbar hoher kultureller Blüte, hoher materieller Versorgung und hektischer Bewegung, wie jede Art von Droge ihren Konsumenten hoch puscht, um ihn dann in den Abgrund zu stürzen.

Zu irgendeinem Zeitpunkt bildet der Zinsschuldendienst des Staates einen unangenehmen Umfang des Haushaltes, die Führung des Staates wird Mittel und Wege finden wollen, um das Ruder in Händen zu behalten und irgendwann zu der Erkenntnis getrieben, Einsparungen vornehmen zu müssen. Sie spart dort, wo es am leichtesten geht, also bei sozialen Errungenschaften, Investitionsvorhaben, Bildung u.ä. Am Ende bewahrheitet sich auch hier das fünfte Prinzip, dass wir ein (in seiner Idealform) nahezu kostenloses Tauschmittel Geld, in der Gegenwart einen äußerst hohen Preis zahlen.

Totalitäre Einstellungen gewinnen mehr und mehr Stimmen, Freiheiten verschwinden und Gesetze, Verordnungen, Paragraphen nehmen überhand. Sinnvolle Arbeit wird immer schwieriger zu bekommen sein, worauf sich eine unangenehme und breite, alle Gesellschaftsgruppen durchsickernde Kriminalität bildet und den Niedergang beschleunigt. Die Regierung kann aufgrund dessen in Bedrängnis geraten, der Bevölkerung wird eine falsche „Ursache" durch private Drecksmedien verkauft, die nichts mit den wirklichen Problemen zu tun hat.

Obwohl es hier um Reformen geht, beschreibe ich diesen Ablauf so detailliert, da der momentane wirtschaftliche Druck allein durch terroristische Anschläge explodieren kann und den „Eliten" genügend Gelegenheit gibt, ihre in den Schubladen liegenden Pläne zur Kontrolle herauszuholen und umzusetzen. New York hat gezeigt, wie schnell das weltweite wirtschaftliche Klima **innerhalb Stunden** umschwenken kann, und es gibt Möglichkeiten des Terrors, die weit subtiler sind, als mit Flugzeugen in Hochhäuser zu fliegen: Börsencrashs, Immobilienblasen oder eine bewusst herbeigeführte Deflation oder Inflation.

Wiederholt wurden von Politikern, Bankiers, selbst vom vorherigen Papst der Wunsch nach einer „Neuen Welt Ordnung - NWO" geäußert. Wir 99 % werden es dann mit einer Elite zu tun haben, die so richtig zeigen kann, was an Kontrolle möglich ist.

Wenn man behaupten kann zu einer Thematik die Naturgesetze und die Art der Abweichung von diesen herauskristallisiert zu haben, so kann als Folgebehauptung festgestellt werden, dass die nötigen Schritte zur Korrektur der Abweichung, hin zu dem Naturgesetz, möglich sind, plus die notwendigen Schritte dazu.

Jede einzelne Reform aus diesem Buch, kann an sich den planenden Eliten ordentlich was zum Nachdenken geben. Da diese Eliten sich von der Produktion der Produktiven ernährt, jede Reform die Produktionsbelohnungen (Geld, Ware) außer Reichweite ihres Zugriffs bringt, schwächt jede einzelne Reform diese „Eliten".

Wie diese damit umgehen werden, ist eine andere Frage und muss hier erst mal nicht interessieren.

Die Reform.

Wie zuvor im Steuerwesen muss eine Umkehrung von der Nichtproduktion (1. Prinzip) hin zur Produktion stattfinden. Der Zins als Quelle exponentiellen Wachstums (2. Prinzip) muss durch sein Gegenteil, einer Nutzungsgebühr ersetzt werden, wodurch dann aufgehört werden kann, laufend neu entstehende Symptome zu bekämpfen. Der Zins ist die Ursache der Schwierigkeiten mit unserem Geld und man löst das Problem, indem man die Ursache beseitigt (3. Prinzip). Es wird ein gesundes drittes Prinzip des Teilens und Herrschens benötigt, indem ein neues Geldsystem installiert wird, das mit allen Nutzern des Geldsystems die in ihm schlummernden Möglichkeiten teilt (4. Prinzip). Dann erst können alle am Austausch Teilhabenden über ihre eigene Zukunft herrschen. Und schließlich haben wir ein Tauschmittel als sehr, sehr günstiges Hilfsmittel, statt eines privaten Spielzeugs, das uns alle sehr, sehr teuer zu stehen kommt (5. Prinzip).

Wir können es uns nicht viel länger erlauben, derartig viel in Geld manifestiertem Arbeitsaufkommen ungenutzt brachliegen zu lassen (u.a. 21 Billionen in Steueroasen), obwohl die Welt förmlich nach Lösungen schreit, die Investitionen benötigen!!

Durch die Reform unterstützt sich die Bevölkerung gegenseitig, und indem die Mittel durch die Bank dorthin verteilt werden, wo sie benötigt werden, steigert die Gemeinschaft als Ganzes ihren Wohlstand, ohne den Umwelt zerstörenden Auswirkungen, wie wir sie seit einigen Jahrzehnten als Preis für den Fortschritt scheinbar hinnehmen müssen.

Die Geschichte überliefert einige wenige, jedoch erfolgreiche Versuche, den Tausch von Gütern und Leistungen durch funktionierendes Geld zu gewährleisten. In den bewegten zwanziger und dreißiger Jahren waren die Geldsysteme wie auch heute einigen Einflüssen ausgesetzt, doch zusätzlich zu dem Zins als nicht funktionierende Umlaufsicherung sollte Geld durch Gold (welches richtig schön knapp ist) gedeckt sein, was absoluter Blödsinn war und ist, da Waren und   Leistungen durch entsprechende Geldmenge gedeckt sein sollen und sonst nichts. Der Höhepunkt finanzieller Schwierigkeiten könnte wohl die galoppierende Inflation Deutschlands gewesen sein, wo am 18. November 1923 ein Dollar für 4,2 Billionen Reichsmark erhältlich war, Arbeiter mit einem Berg Geld für ein Brot anstanden und die Gehälter täglich zweimal ausgezahlt wurden, weil einige Stunden später der Verlust schon zu hoch gewesen wäre. Während in Deutschland weit mehr Geld gedruckt wurde, als Güter und Leistungen vorhanden waren und dies zu einer Inflation führte, kannten andere Länder durch Bankenpleiten größeren Ausmaßes das Gegenteil von zu vielem Geld, die Deflation.

So wie in größter Not der Einfallsreichtum oft am größten ist, so entsannen sich zur damaligen Zeit viele Gemeinden der Grundlage des Geldes als simples vereinbartes Tauschmittel und schufen dementsprechend ein oder gar zwei Systeme, um den Mangel an brauchbarem Geld auszugleichen. Das eine waren Komplementärwährungen (komplementär: ergänzend), um die knappe Landeswährung auszugleichen, das Andere war eine lokale Währung mit einem Mechanismus versehen, um das Horten der Währung zu verhindern, da Geldbesitzer das Geld solange zurückhalten konnten (wie heute auch), bis ihnen ein entsprechender Zins als Belohnung ausreichend erschien, um Geld wieder für Investitionen freizugeben.

Soweit mir bekannt ist, bestand das erfolgreichste Konzept aus einem „Freigeld" oder „Schwundgeld" nach dem deutsch-argentinischen Kaufmann und Finanztheoretiker Silvio Gesell, über welchem J.M.Keynes schrieb: „Ich glaube, dass die Zukunft mehr vom Geiste Gesells als von jenem von Marx lernen wird".

Im bayrischen Schwanenkirchen und später in der Stadt Wörgl (Österreich) wurde Gesells Konzept in der Not hoher Arbeitslosigkeit durch nicht verfügbares Geld in die Praxis umgesetzt. In Wörgl gab es 1931 unter den 4200 Einwohnern 500 Arbeitslose und weitere 1000 in der unmittelbaren Umgebung. Etwa 200 Familien waren absolut mittellos. Der Bürgermeister besaß eine lange Liste mit Projekten und Arbeiten, angefangen von Straßenbau, über eine Kanalanlage bis hin zu einem Waschhaus und einer Notstandsküche. Es waren genügend Arbeitswillige vorhanden, doch hatte die Stadt zu wenig Geldmittel zur Verfügung. Der Bürgermeister überzeugte die Einwohner von Gesells Idee, woraufhin „Freigeld" im gleichen Betrag zur österreichischen Währung herausgegeben wurde. Diese neue Währung wurde zur Finanzierung des ersten Projekts benutzt. Da die Besitzer dieser Scheine statt einen Zins zu erhalten eine „Nutzungsgebühr" zahlen mussten zu einem Prozent ihres Nennwertes im Monat, war jeder Besitzer bestrebt, dieses Geld schnellstmöglich vor Ultimo weiterzugeben - und verschaffte so automatisch anderen Bewohnern Arbeit. Es ging soweit, dass die Bewohner die Steuern im Voraus zahlten, um Gebühren zu vermeiden. Zu dieser Zeit, wo landesweit die Arbeitslosenzahlen steil anstiegen, sank sie in Wörgl innerhalb eines Jahres um 25 Prozent! Die Nutzungsgebühr für das Geld verschwand nicht wie zuvor beim Zins in private Taschen, sondern konnte für öffentliche Zwecke verwendet werden. Die Straßen erhielten einen neuen Belag, die Wasserversorgung wurde ausgebaut und all die anderen Projekte auf der Liste des Bürgermeisters wurden vollendet. Zusätzlich entstanden neue Häuser, eine Skischanze und eine Brücke. Sechs benachbarte Dörfer übernahmen das System. Der französische Ministerpräsident Edouard Daladier stattete dem Dorf einen Besuch ab, um das „Wunder von Wörgl" mit eigenen Augen zu sehen.

Wer nun glaubt, dies sei simple Beschäftigungspolitik durch Nachfrage, muss sich sagen lassen, dass der überwiegende Teil der Arbeit geschaffen wurde, nachdem die ersten vom Bürgermeister angeheuerten Arbeiter dieses ausgaben. Dieses Freigeld verursachte effektiv neue Arbeitsplätze wie der offizielle, von der Notenbank mit einer Freikaufgebühr (Zins) belegte Schilling es nicht vollbringen konnte, und erwies sich als sehr effektive Arbeitsbeschaffungsmaschine. Der Bürgermeister sprach später vor einer Versammlung von Vertretern aus 170 Städten und Dörfern. Bald danach wollten 200 Gemeinden in Österreich das System übernehmen. Die Zentralbank wurde nervös und sah ihr Monopol gefährdet und läutete das Ende eines erfolgreichen Experiments ein. Nachdem Wörgl zum alten Währungssystem zurückkehrte, stieg die Arbeitslosenquote bald wieder auf 30%. Das Beispiel aus Schwanenkirchen soll genauso erfolgreich gewesen sein, und in Deutschland verwendeten über 2000 Unternehmen diese Alternativwährung, bis der später berühmt berüchtigte Finanzier Hitlers, Hjalmar Schacht und seine Zentralbank intervenierte. Im Oktober 1931 wurde jegliches Notgeld verboten. Wieder ein erfolgreiches Experiment weniger. Zur gleichen Zeit hielt ein Österreicher in bayerischen Bierkellern seine anstachelnden Reden. Dieser Mann (A. Hitler) sollte der folgenden Geschichte neue Beispiele möglicher Menschenfeindlichkeit beibringen, doch sein Aufstieg bei den Wahlen ging fast gleich auf mit der Arbeitslosenquote. Im Mai 1924 lag sie bei 3,4% und die NSDAP kam auf 6,6, im März 1933 war sie auf 55,98% geklettert und die Nazis erhielten 43,9% und einige Monate später schon gab es keine andere Partei mehr.

Arbeit ist Produktion, Produktion bringt besseres Leben mit sich. Arbeitslosigkeit degeneriert betroffene Menschen zu einem Wrack ohne Stolz, da diese sich nicht durch eigene Anstrengung ernähren dürfen. Aber nur Kinder oder Greise können sich nicht selbst ernähren, sie können nicht arbeiten.

Geld, das frei gekauft werden muss, macht viele nur sich selbst tragende Projekte und jegliche Handarbeit zunichte. Gleichzeitig sorgt dieser freizukaufende Zins und Zinseszins für wenige, immer reichere Menschen.

In Deutschland - laut dem Manager-Magazin - besaßen 2013 100 Personen 336,6 Mrd. €, 500 Personen 528,4 Mrd. €.

Gleichzeitig scheitern überall Vorhaben, weil z.B. 50.000€ und weniger nicht aufzutreiben sind. Was ist das für ein System, das so etwas unterstützt? Was sind das für Menschen die daran festhalten? Gibt es in so einem System etwas für Ethik oder Moral oder ist es umgekehrt einfach die Ursache von weitverbreiteter Unethik und Unmoral?

Wohl keiner von diesen Milliardären wird wohl Geld für 0, auch nicht für 1, 2 oder 3% verleihen, wenn sich „Investitionen" in Hedgefonds, Aktien, Rüstung, Pharma, Chemie, Atom, Öl oder ähnlich zerstörerischen Unternehmungen verdienen lässt.

Lässt man obige Personen statt Zins zu erhalten, eine Nutzungsgebühr bezahlen, wenn diese das Geld aus der Benutzung heraushalten, so würden deren Guthaben immerhin nicht mehr anwachsen.

Natürlich kann man sich Sorgen machen, wie „Ja, dann werden die Ihr Geld in das Ausland bringen!", doch sind 2012 schon geschätzte 21.000 Milliarden Euro in Steueroasen versteckt. So wie es aussieht, hat schon jeder Reiche sein Geld in das Ausland gebracht, also wie soll es da schlimmer werden. Man muss wohl leider damit rechnen, dass bei keiner dieser Reformen irgendein Wohlhabender ab X-Millionen aufwärts diese irgendwie unterstützen wird, da dieser die Gemeinschaft auch bis jetzt nicht unterstützt hat.

Was für arme reiche Schweine!

Für uns 90-99% stellt sich die Frage nicht, wie wir unser Geld verstecken können, entweder reicht die Kohle nicht für die Fahrkarte, oder die Bank lässt uns mit den paar Scheinen gar nicht erst herein.

Was sind wir für arme Schweine!

Es scheint so zu sein: Hat man erst mal Geld, kann man nicht genug davon haben, hat man noch mehr Geld, darf auch niemand mehr etwas davon in die Hände bekommen.

Wenn Zins dem Geld seinen Zweck nimmt, indem es das Geld festhält und den Produzenten zwingt es von Besitzern freizukaufen, dann besitzt es keine effektive Umlaufsicherung = es ist einfach schwer zu bekommen, egal wie sinnvoll, egal wie viele Menschen Summe X auch ernähren könnte. Geld benötigt wieder eine Umlaufsicherung und so wird dies durchgeführt:

(Die Zahlen sind **Beispiele,** wie auch oben zum Thema Versicherung!)

UMLAUFSICHERUNG DURCH...

... Zinsen (egoistisches System)	... Nutzungsgebühr (System für die Gemeinschaft)
(+) hier gleich Belohnung für den Besitzer + 6-8 % für langfristige Anlagen + 3-6 % für kurzfristige Anlagen + 0,3-1% für Girokonten +/- 0 % für Bargeld	”Nutzungsgebührentreppe”
”Zinstreppe”	(-) hier zahlt der Besitzer, wenn er das Geld aus dem Kreislauf heraushält oder hat keine Kosten, wenn er es langfristig zur Verfügung stellt. +/- 0 % für langfristige Anlagen - 0,5-1 % für kurzfristige Anlagen - 3-6 % für Girokonten - 6-8 % für Bargeld

Deutlich ist zu erkennen, dass der Geldbesitzer um so mehr Belohnung durch den Zins bekommt, je länger er sein Geld zur Verfügung stellt. Alle diejenigen die es investieren wollen, müssen dementsprechend mehr dafür herausgeben, um es freizukaufen. Wer Bargeld im Tresor liegen hat, nimmt dieses Geld vollständig aus dem Geldkreislauf heraus und seines, wie auch das der Girogelder muss erst durch gute Angebote der Bank dazu gebracht werden, sich endlich für den Gebrauch zur Verfügung zu stellen. Sie sehen die Bank dabei, wenn Sie Werbezettel aussenden, Anzeigen schalten usw., welche X - % mehr Zins für langfristige Anlagen anbieten und vergleichbare Aktionen, alles, um den Besitzer genügend zu belohnen, bis dieser dann, endlich, mutig sein Geld zur Verfügung stellt.

Die Nutzungsgebühr dreht das Bild um 180 Grad und nimmt entsprechend Gebühr, je kürzer der Geldbesitzer sein Geld dem Geldkreislauf zur Verfügung stellt (Bargeld, Girokonto) und belohnt ihn mit bis zu 0% oder keine Gebühr, wenn er es ihr langfristig überlässt.

Die Frage, welche sich Investoren (diese werden dann allerdings nicht mehr benötigt) oder Kreditnehmer und Verleiher nun stellen mögen, ist die der Kreditkosten. Bekommt der Kreditnehmer etwa seinen Kredit umsonst? Nein, die Unternehmung die das Geld einnimmt, sichert, zur Verfügung stellt, muss für Ihren Aufwand bezahlt werden. Es wird ja auch weiterhin vorkommen, dass manche Kreditnehmer nicht zurückzahlen können, da jegliche Investition in etwas Neues, unbekannte Risiken birgt. Und natürlich, wird es auch weiterhin schlicht den oder die Betrüger geben, die Geld nehmen mit der Absicht, es nicht zurückzuzahlen, was dann die Risikoprämie hoffentlich ausgleichen wird.

Die Kreditkosten betragen 1991 im Durchschnitt

	bei verzinstem Geld	Geld mit einer Nutzungsgebühr
a) Arbeit der Bank	1,7%	1,7%
b) Risikoprämie	0,8%	0,8%
c)Zins	3,0 %	0,0%
d)Inflationsausgleich	4,0 %	0,0%
Insgesamt	9,50%	2,50%

Doch ist auch dieses Bild nicht sehr aussagekräftig, denn ohne den Zinseszins gibt es keine Möglichkeit des exponentiellen Wachstums.
Der Kreditnehmer bekommt z.B. 10.000 Einheiten irgendeiner Währung und zahlt bei einer Nutzungsgebühr jährlich 2,5% auf seine 10.000, also beispielsweise 250, 250, 250 … , womit er nach 10 Jahren 12.500 EURO zurückzahlen müsste, während er bei 9,5% (wenn er die Grundsumme nicht tilgt) nach 10 Jahren ohne den Zinseszins 19.500€ und inklusive dem Zinseszins schon 24.7822€ zahlen müsste! Das ist ein Unterschied!!
Weit spektakulärer entwickelt sich der Zinseszins über einen noch längeren Zeitraum. Bei 9,5% Zins und Zinseszins verdoppelt sich die Summe 10.000€ in den ersten 8 Jahren, um dann die nächste Verdoppelung in nur etwas über 4, wieder die nächste in etwas über 3 und jede weitere in immer kürzeren Zeitabständen durchzuführen. Nach nur 24 Jahren wird sich die ursprünglich angelegte Summe von 10.000€ innerhalb eines Jahres verdoppeln, und dann dauert es auch schon nicht

mehr lange Zeit für eine Verdoppelung in weniger als drei Monaten, dann in einem Monat, in einer Woche und irgendwann in nur einem Tag! „Das ist doch Irrsinn!", mag hier mancher denken - und erkennt somit unser „modernes" Geldwesen und die Schwierigkeiten, in welche alle Schuldner, ob Regierungen, gewerbliche oder private Haushalte geraten. Der Zinseszins und sein Wachstum fällt vielen einfach nicht auf, weil die z.B. monatliche Ratenzahlung, das Wachstum, die Wachstumsgeschwindigkeit ausbremst, doch, sollten diese Ratenzahlungen Monate oder Jahre ausfallen, dann, sprichwörtlich, gute Nacht

Die Zeit arbeitet für den Zins und gegen den Menschen, der sie durch Geld sinnvoll nutzen will.

Bei einer Nutzungsgebühr zahlt der Kreditnehmer nur die jährlichen Gebühren inklusive Risikoanteil der Bank, keine Zinsen und keinen Inflationsausgleich, da die Nutzungsgebühr auch die Inflation sehr effektiv beseitigt.

Inflation wird per Schulbuch durch mehr gedrucktes Geld, als Ware vorhanden ist, „hergestellt". Was tut der Zins? Es stellt Geld für den Besitzer her, für welches im Grunde keine Ware vorhanden ist, diese Ware muss erst noch produziert werden. Es ist ein Tool der Sklaverei. Wer frei war, wird unfrei. Durch Schulden.

Wenn es überhaupt so etwas wie einen Teufel gibt, - hier ist er.

Indem nicht nur der Zins, sondern auch der Zinseszins fehlt, können Sie sich vorstellen, welch großen Unterschied dies bei der Finanzierung eines Hausbaus ausmacht, auch bei Wohnungsmieten und vielen anderen kapitalintensiven Nutzungsgütern. Im Grunde aber ist dies eine Einladung zu einer fortschrittlichen Kultur und nur mathematisch berechnet könnte gesagt werden, „dass jeder Produktive ein Drittel seiner Arbeitszeit zuhause bleiben könnte, da er diese nicht mehr für den Zinsdienst einsetzen muss". Ich denke, auch dies würden Sie befürworten!

Zum Schluss stellt sich die Frage, was sind das für Leute, die Zinsen eingeführt haben? Und auf nationaler und internationaler Ebene; was sind das für Unternehmen, Banken, Weltbank, IZB und solche Drecksläden, die am Zins festhalten?? Es gibt genügend Literatur über obige Lösung. Ohne Beweis kann man sagen: Es ist nahezu unmöglich, dass es denen nicht bekannt ist – und diese Unternehmen besitzen alle Macht, alles nur mögliche Geld, um diese Lösung umzusetzen! Vor Jahren, vor Jahrzehnten!

Fazit: Wir haben es mit einem asozialen, verbrecherischen Dreckspack zu tun.

Wörgl ist nur ein Beispiel, es gab und **gibt** andere Versuche:

Komplementärwährungssysteme in der Vergangenheit
Das Wära-System von Schwanenkirchen
Das Freigeld-System von Wörgl

Komplementärsysteme der Gegenwart
Die JAK-Bank in Schweden
Die „WIRBank" in der Schweiz
Der „Chiemgauer"
Der REGIO e.V. aus Eurasburg/Oberbayern
Die Regionalwert AG aus Freiburg
Die ReWiG
Die LETS (Local Exchange Trading Systems)
Das Furei Kippu Pflegesystem
Die Time-Dollars Systeme
Projekte der EU
Die PEN-Exchange-Währung

Mehrwertreform

Unternehmer, Arbeitgeber, Selbständige, Gewerbetreibende, Freiberufler, Gruppen also, die Arbeit schaffen, neue Fertigungsmethoden ausdenken, Arbeit erfinden die produziert werden kann um diese dann zu verkaufen, sind zum Teil aktive Enteigner der bei ihnen Angestellten und wiederum für Enteignergruppen wie Regierung, Versicherungen, Soziales, Wohlfahrt und Banken das Angriffsziel Nr. 1.
Denn erst durch Arbeit erhält Geld seine Bedeutung und Arbeit, wenn diese Produkte, Dienstleistungen, Waren, Teile von etwas, neue Dinge - einfach neu erschaffenes beinhaltet, erzeugt die Erhöhung der Geldmenge. Und auf diese neue Geldmenge zielen kriminelle Enteignergruppen ab.
Der normale Mensch braucht Arbeit, abgesehen davon, dass es oft schwierig ist überhaupt eine zu bekommen, so stimmt er trotzdem notgedrungen mit der Bezahlung, dem Lohn überein – während er damit gleichzeitig eine Zusage macht, dass der Chef, der Unternehmer alles

oberhalb dieser Bezahlung einstecken kann. Das ist nicht wirklich optimal.

Doch, während Regierungsbehörden und Sozialversicherungen zur Zahlung zwingen, Grund u. Bodenbesitzer sowie Banken heimlich vorgehen – und immer nur genommen wird, zahlen all die Unternehmer, auch wenn oft zu wenig. Geht man wiederum einen Schritt weiter zur Verschuldung, stellt man fest, dass der Verschuldung von Unternehmungen aller Art mit die höchste ist, im Grund also viele Lohn zahlen, obwohl diese es in dieser Höhe gar nicht dürften.

Alle die Unternehmungen, ob kleine Selbständige, mittelständische Betrieben oder Konzerne, diese sind unter Dauerbeschuss seitens Enteignergruppen wie Regierung (Steuern), Sozialversicherungen (Regierung) und Banken u.a.. Diese Gruppen erreichen ihren Höhepunkt in der kommunistischen Doktrin, in der, nachdem alles Mögliche enteignet und in Privatbesitz der Regierung (Regierung muss hier nicht die Ihre Regierung bedeuten, es kann auch einfach jene Gruppe sein, welche die Regierung kontrolliert oder besitzt) übergegangen ist, nun auch die Produktionsmittel (Maschinen und Anlagen) folgen sollen. Diese Produktionsmittel sind von allen Naturgütern nach einer Kette von Enteignungen über Grund und Boden, Geld, Gesundheit u.a., die letzte „Bastion", die in den Händen von wirklichen Produzenten geblieben ist. Es ist vollkommen richtig, dass der Verbleib aller Produktionsmittel in wenigen Händen all den anderen Ungerechtigkeiten ein weiteres Übel hinzufügt. Und der Mehrwert aus der Produktion, der aufgrund des Monopols an diesen Maschinen und Anlagen, nun nach Belieben den Besitzer zufließt, ist zu einer Quelle ewigen Streits gemacht worden!!! Die Lösung war dann, der Unlogik folgend, den Unternehmer möglichst abzuschaffen, wo nicht möglich, diesem das Leben so schwer wie möglich zu gestalten.

Die Unternehmer, als Großproduzenten riesiger Mengen Waren und Dienstleistungen, sehen sich merkwürdigerweise als einzige „enteignende Gruppe" (gegenüber den Mitarbeitern) enormen Angriffen ausgesetzt, während die Eliten hinter dem Geld, Grund u. Bodenbesitz usw. keinerlei Schwierigkeiten durchzustehen haben (wir kennen diese in der Regel nicht einmal) und diese Eliten nur wenig tun, um die Bedürfnisse auch nur irgendeines Menschen zu gewährleisten.

Dies soll manche habgierige Unternehmer nicht besser stellen, als diese vielleicht sind.

Die Lösung dieses Rätsels ist, das Unternehmen in privater Hand (und noch gibt es auch Einzel- oder Kleinunternehmen), eine Unabhängigkeit und Freiheit gegenüber den Beschlüssen der professionellen Enteigner zu garantieren und ihn, den Unternehmer mit seinen Angestellten rechtlich auf eine Seite zu einer Gemeinschaft zu machen. Für Enteigner mit weniger fortschrittlichen Ambitionen gegenüber der Gemeinschaft, müssen diese Unternehmer als Gruppe ein Dorn im Auge sein - Produzenten die nicht unter ihrer Kontrolle sind... !

Um die vielen kleinen Produzenten wie Arbeiter und Angestellte unter Kontrolle zu bekommen, müssen zuvor jene, die diese beschäftigen, unter Kontrolle gebracht werden!

Falls der aufrichtige Sozialist oder Kommunist hier das Buch zuklappen will, so sei ihm nochmals gesagt, dass wir alle, auch er, vor gar nicht so langer Zeit allesamt selbständig, in unserem Tun frei und unabhängig waren!! Wer für Freiheit und Unabhängigkeit kämpft, kann seinen Erfolg daran messen, inwieweit die Anzahl der freien Unternehmer oder Selbständigen im Verhältnis zur Gesamtanzahl aller Produktiven innerhalb eines Landes steht. In Deutschland sind die Unternehmer und Selbständigen innerhalb von 15 Jahren von 20% auf 10% gesunken, und 20% ist schon wenig! Wie sieht es in den anderen Nationen aus? Besorgen Sie sich die Statistiken!

Dass der Mehrwert aus der Produktivität der Arbeitnehmer oftmals im ungerechten Verhältnis dem Unternehmer zufließt, ist ein berechtigter Streitpunkt und muss reformiert werden!

Das Geldwesen eignet sich bestens dazu, das gesamte Produktivvermögen, also auch die Produktionsmittel, heimlich auf leisen Sohlen zu übernehmen. Am Ende steht dann (so soll es wohl sein) eine auf Geld aufgebaute Welt, kontrolliert von wenigen „Geldheinis", die meinen genau zu wissen, wer, wie, wann und warum und wie viel wovon braucht.

Jeder Unternehmer, der zulässt, dass seine Helfer, die Arbeitnehmer, mit einem geringen Teil ihrer Produktion abgespeist werden, mag denken, dass er immer mehr Einfluss gewinnt wenn er nur möglichst viel Geld auf der hohen Kante liegen hat, doch am Ende verliert gerade er ganz besonders. Menschen die nur an Geld denken, haben am Ende keines. Hat man es nicht ehrlich verdient, meint man, immer darauf aufpassen zu müssen. Ziemlich anstrengend.

Wenn sie ihr Entlohnungssystem reformieren, können sie sich jeglichen Gewerkschaftseinfluss und Tariflohnquatsch sparen, da es keinen Mehrwert mehr gibt, und erst recht muss der Unternehmer nicht für das Versagen und die Gier der Eliten herhalten, indem er zum Feind seiner Helfer durch Lohnkämpfe, Entlassungen oder ähnlichen Blödsinn wird.

Marx und Lenin waren mit ihrem Marxismus-Leninismus-Kommunismus über hundert Jahre lang einfach deshalb so erfolgreich, weil diese einseitige Ideologie sehr plausible Gründe zu liefern schien, dass die Kapitalisten in Gestalt der bösen Unternehmer/Arbeitgeber Schuld an allem sind - und somit zwei große Gruppen innerhalb der Gemeinschaft gebildet wurden, um einander zu bekämpfen, sich zu verzetteln und aufzureiben, um dann die lachenden Dritten, die wahren Verursacher der Probleme (Grund/Bodenbesitzer, Regierungen u. Banken), völlig unbeachtet abseits stehen und je nach Bedarf entsprechend die weiteren Fäden ziehen.

Die Reform des Geldwesens wird den lachenden Dritten die Macht aus den Händen nehmen. Es ist nicht nur so ein Spruch. Die Reform des Mehrwerts bleibt jedoch ein Muss, die Arbeiter und Angestellten werden zum Schluss deutlich mehr Einkommen besitzen.

Wenn die breite Masse nur mit Mindestlohn daher dümpelt, nicht weiß, ob Morgen noch der Job vorhanden ist, sich für langfristige Investitionen oder einen lausigen Urlaub verschulden muss, was will man an Teilhabe an der Gesellschaft von solchen Menschen verlangen!? Kaum irgend etwas… .

Die Reform.

Bevor ein Unternehmer zum Ende des Monats überhaupt von Gewinn sprechen kann, müssen diverse Ausgaben abgezogen werden wie Energiekosten, Miete, Zinsen, Telefon, Verbrauchsmaterial, Rohstoffe, Versicherungen, Material usw. usf.

Zu den Ausgaben zählen auch Löhne und Gehälter, doch werden diese erst einmal nicht hinzu gezählt.

Wird irgendeiner dieser diversen Posten nicht bezahlt, droht Einstellung der Lieferung und die gesamte Unternehmung gerät ins stocken.

Da es hier um den Mehrwert, um Lohn und Gehalt geht, folgt natürlich eine andere Buchhaltung, wo Lohn und Gehalt nicht direkt bei den Ausgaben erscheinen können.

Es gab und gibt eigentlich auch keinen Grund dafür, außer, man sieht den Arbeiter und Angestellten nur als Ausgabe, als Kostenfaktor, oder bei manch geldgierigen Chefs als Verbrauchsmaterial.

Für jeden normalen Haushalt ist es in mehr oder weniger organisierter Form selbstverständlich, alle Einnahmen in einen Topf zu legen (wenn es denn getan wird), davon die festen Ausgaben wie Miete, Mietnebenkosten (Strom, Müllabfuhr, Wasser) Versicherungen, Lebensmittel zu begleichen und die restlichen Einnahmen für die weniger wichtigen Dinge auszugeben, um dann am Schluss für Spaß, Urlaub, Konsum, Luxus oder einfach für den Spartopf weiter aufzuteilen. Die absichtlich verursachte Feindschaft zwischen Arbeitgeber und Arbeitnehmer ließ die Geldaufteilung eines einfachen

Haushalts etwas außer Sicht geraten, doch ist in ihr ein Teil der Lösung enthalten. Die Lösung entspricht demnach auch der bereits erwähnte Eigen-Verantwortung.

Ein Unternehmen stellt also Dinge her, um diese gegen Geld einzutauschen. Von diesem Geld möchten der Arbeitgeber und alle Arbeitnehmer leben. Wie sie alle davon leben, hängt zum überwiegenden Teil von ihrer Produktionsleistung ab. Wenig verkauft, wenig Einkommen, wenig in der Lohntüte. Denken Sie nicht, dass dies jedem klar ist. Tariflöhne zum Beispiel sehen dies gänzlich anders, sie müssen völlig unabhängig vom Einkommen der Unternehmung gezahlt werden. Noch eine Verrücktheit also. Aber weiter: Von den Einnahmen des Unternehmens müssen zuerst einmal obige Ausgaben und einiges mehr finanziert werden.

Sobald alles gezahlt ist, kann (wenn ein Unternehmen langfristig bestehen soll) daran gedacht werden, Lohn, Gehalt aus der Arbeit der letzten Tage, Woche, des Monats, Quartals oder des Projekts zu berechnen. Wurde z.B. sehr viel hergestellt, aber nichts verkauft, dann wäre es Wahnsinn, Lohn und Gehalt zahlen zu wollen, denn am Ende existiert das Unternehmen nicht mehr, das alle ernähren könnte, es ist heute jedoch völlig normal eine Unternehmung Pleite gehen zu lassen, kann diese zum Monatsende Löhne und Gehälter nicht zahlen.

Ziemlicher Irrsinn. Man vergisst: Irgendwann, vor langer Zeit, waren wir alle Selbständig/Unternehmer. War die Jagd oder Ernte nicht erfolgreich, gab es nichts zu Essen. Anders herum, war eine oder beide Tätigkeiten erfolgreich, gab es schöne Tage, Wochen, Monate.

Also ist der „Kampf" um Lohn und Gehalt oder seine Erhöhung ziemlich weit vom Instinkt weggekommen, da es völlig unnatürlich ist, jeden beknackten neuen Monat die selbe Menge Geld ausgezahlt zu bekommen! Es gibt in der Natur keinen gleichen Lohn, Monat für Monat!

Doch worin besteht nun die Reform?

Nachdem alle festen oder anteiligen Rechnungen (Ausgaben) gezahlt wurden, kommt der Rest der Einnahmen in den sogenannten „Topf", aus dem Arbeitgeber wie auch alle Arbeitnehmer anteilig nach einem Schlüssel bezahlt werden! In diesem Schlüssel sollten sich Dinge wie geleistete Produktionsleistung, Ausbildungsstand, Funktion innerhalb der Unternehmung etc. spiegeln, um dann dementsprechend bezahlt zu werden. Alternativ auch die typische Beamtenbesoldung: Dauer der Betriebszugehörigkeit. Was überhaupt nicht zu empfehlen ist.

Zu obigen festen und anteiligen Kosten würde die Entscheidung hinzukommen, wie viel von allen übrigen Einnahmen für spätere

Investitionen gespart werden soll, um durch Eigenkapital unabhängig von fremden Krediten oder Darlehen zu werden oder zu bleiben. Sind nach allen festen und anteiligen Kosten als Beispiel 100.000 Einheiten irgendeiner Währung übrig, so werden diese entsprechend dem Verteilerschlüssel verteilt. Jeder erhält entsprechend seiner persönlichen individuellen Leistung, Anzahl Stunden, seines Ausbildungsstandes und seiner Funktion innerhalb des Unternehmens seinen Lohn oder sein Gehalt. Es können und sollten diverse Extras in den Schlüssel mit hineinkommen. Verkauft das Unternehmen ein Produkt, zu welchem der Arbeitgeber oder irgendein Angestellter die Idee beisteuerte oder gar das Patent innehat, so hat dieser natürlich an jedem verkauften Stück seine Belohnung zu erhalten, besondere Leistungen, jede individuelle Aktivität, die zum besseren Überleben des Unternehmens beisteuert, könnte hier mit einfließen. Da diese Reform dem Unternehmer den Mehrwert streitig macht, jede Unternehmung erst aber durch hingebungsvolle Kreativität, persönlichen Einsatz von Kapital, sehr viel Zeitaufwand des Unternehmers zustande gekommen ist, muss der Unternehmer einen per Verteilerschlüssel deutlich größeren Anteil am Umsatz zugeteilt bekommen. Mühe, Kreativität, Einsatz müssen sich lohnen! Befriedigte Bedürfnisse gehen immer auf individuelle Kreativität und den außerordentlichen Ehrgeiz Einzelner zurück. Würde dies nicht getan werden, könnte man in kurzer Zeit Verhältnisse wie in alten Sowjetzeiten beobachten, allerdings, es ist auch nur äußerst schwer möglich, im Grunde unmöglich, Millionär, Milliardär oder Billionär zu werden. Hätten wir obige Art der Bezahlung seit nur 30 Jahren, es würde heute keinen Milliardär und höher geben! (Außer jenen der Elite, die es zuvor schon waren).

Produktive Personen können also immer noch Millionäre werden, doch selbst dies wird schwierig, wenn die Arbeiter/Angestellten gerade so über die Runden kommen.

Tariflöhne und somit ziemlich gleiche und feste Löhne, sind willkommen, um die Steuer- und Sozialabgaben für das Jahr im voraus berechnen zu können, die Finanzwelt wird die Idee nicht mögen, da sie die Unternehmung nahezu unzerstörbar macht und nahezu frei von Kredit- und Darlehenswünschen und schlimmer noch, ohne Mehrwert geht die Existenzfähigkeit der Börsenspekulation zugrunde, denn wo kein Mehrwert, dort auch keine Rendite für den faulen, unnützen Aktionär.

Projekte ab einer bestimmten Größe, neue Gründungen, Start-Ups benötigen immer noch ab und wann Kredit, doch verliert auch Kredit seine zerstörerische Kraft, wenn kein Zins und Zinseszins vorhanden ist und dadurch würde sich langfristig keine Unternehmung irgendwelche Abgesandten irgendwelcher Geldinstitute oder einen lausigen Politiker aufgrund seiner „Connections" in ihren Aufsichtsräten gefallen lassen. Und wieso überhaupt so ein Verwaltungs-, Diskussions- und Tantiemenbeladene Institution wie die des Aufsichtsrates? Weg damit!

Jede Unternehmung braucht einen Kopf, einen Chef und bestimmt keinen Fuzi irgendeiner Bank, Ex-Politiker oder, oder, oder mit im Aufsichtsrat. Wenn überhaupt gehören, nach obigen Verteilerschlüssel, die Besten/Fleißigsten der Unternehmung in diesen hinein. Wer kennt am besten die Unternehmung? Jene, die dort arbeiten. Man muss nicht mal über Logik diskutieren um diese Frage zu klären.

Eine Unternehmung kann nur noch in Probleme geraten, wenn sich ihr Erzeugnis oder ihre Leistung in so geringer Stückzahl verkauft, dass nicht einmal die grundlegenden Kosten beglichen werden können; doch steht der Geschäftsführer nicht allein vor der Situation, alle in dieser Unternehmung angestellten haben ihre sich leerende Lohntüte vor Augen und es zeigt sich immer wieder, wenn mehrere an einem Strang ziehen, kann sich diese Lohntüte auch wieder füllen. Generell wird „am Strang ziehen" heutzutage mit Entlassungen, Arbeitszeitkürzung, Einstellung von Zeitarbeitern und ähnlichen Blödsinn gehandhabt. Zum Schluss wird der Arbeiter/Angestellte durch Zwang am Strang ziehen, nicht durch Überzeugung.

Es gibt nicht wirklich einen Unterschied zwischen Selbständigen, Unternehmer, Freiberufler, Arbeiter und Angestellten. Man denkt sicher anders und der Status der Sicherheit sieht unterschiedlich aus – doch sind diese anerzogen wurden. Es sind etablierte Trennungen zwischen Arbeitgeber und Arbeitnehmer. Den sie alle erzeugen Dinge die zum Leben benötigt werden.

Unternehmer mögen vor obiger Reform einen beschleunigten Puls bekommen, doch sollten sie nachdenken!

Hätten unsere so demokratischen Regierungen ihre Millionen Beamten nach diesem noch näher zu beschreibenden Schema bezahlt, so müssten diese Beamten seit 40 Jahren aufgrund der Staats-/Regierungsschulden immer weniger verdienen – oder diese Millionen hätten sich damals, als es mit den Schulden losging, zusammengesetzt um eine Lösung zu finden, wie keine Schulden zu machen sind – damit deren Löhne nicht immer weniger werden.

Wie oft ziehen Unternehmer mit ihren Mitarbeitern, und umgekehrt, an einem Strang, wenn es finanziell nicht besonders gut läuft, wie lösen Sie dann die Situation bzgl. Löhne und Gehälter, wie viel Zeit denken Sie darüber nach? Wer steht von Ihren Mitarbeiten auf Ihrer Seite, sobald der Laden schlecht läuft? Wie viel Verwaltung kostet Sie es, einem guten Mitarbeiter eine Belohnung für besondere Mühe zukommen zu lassen? Und was ist mit den Arbeitnehmern? Natürlich könnten diese nach obiger Reform weniger als jetzt verdienen, doch was ist weniger Verdienst für kurze Zeit, wenn das Unternehmen und die Arbeit bestehen bleibt? Und anders herum: Wenn der Gewinn aus der Produktivität in die Taschen des Unternehmers, des Vorstands oder schlimmer noch, in die Taschen irgendwelcher unbekannter Aktionäre fällt, wie viel Lohnerhöhung plus Eigenkapital würde dies bei einer Zusammenarbeit mit dem Arbeitgeber ergeben - bei Auszahlung nach obigem Schlüssel? Und wenn Sie zu den Fleißigen bei der Arbeit gehören, wie oft stellten sie fest, das sich Ihre Mühe nicht lohnte? Durch die Mehrwertreform gewinnen alle Produktiven. Vergessen Sie Rendite-Irrsinn, Aktionärsversammlungen, das Model der Aktiengesellschaft, die nur dazu dient, die Unternehmung unter Kontrolle fauler Aktionäre zu kommen, vergessen Sie Aufsichtsräte, vergessen Sie immer gleich niedrige oder hohe Tariflöhne und alles andere, was zum Pferdeschwanz des Mehrwertdilemmas gehört. Wer arbeitet soll entsprechend seiner Arbeit belohnt werden - dies gilt für jene, die Arbeit geben, wie auch für jene, die sie nehmen!

Doch diese Lösung setzt auch voraus, weniger zu bekommen, wenn die Firma nicht läuft!

Wozu würde es führen? Richtig. Jeder ehemals Angestellte, jeder Arbeiter wäre dann selbständig! Selbständig arbeitend in einer Unternehmung von Selbständigen! Und wozu würde obige Reform, durchgeführt in einem Land, führen? Richtig, alle wären selbständig!

Banken (bzw. deren Führungen) müssen Eigenkapital anderer hassen (da Sie selbst Geld verdienen mit etwas, was sie nicht besitzen, nämlich Eigenkapital), denn es verhindert deren Einfluss, und bei obiger Reform würde jegliche Unternehmung deutlich weniger Fremdkapital aufnehmen müssen, zusätzlich mit einer Geldreform könnte sich jede Unternehmung, jede Privatperson den notwendigen Betrag leihen (und würde ihn bekommen) um damit jegliche Art Träumerei, Idee, Vorhaben, Innovation oder sogar ein „Eigentor" umzusetzen können.

Es gibt obiges Model seit Jahren in abgeschwächter Form bei der Hamburger Inline-Kurier GmbH. Es funktioniert nicht einwandfrei, es wurden zu Beginn hohe Summen benötigt, die viele Selbständige zum Aufbau der Unternehmung nicht aufbringen konnten, als Lösung haben einige wenige größere Summen aufgebracht, wodurch deren Mitbestimmung gestiegen ist, - und sie müssen, um rechtlich nicht angreifbar zu sein, sich diverse Angestellte für Bürotätigkeiten leisten,

deren Löhne vielleicht (wenn diese auch selbständig wären), völlig anders aussehen würden. Somit wird das Gesamtbild etwas verfälscht, doch die Richtung stimmt.
Letztendlich, arbeitet einer der Selbständigen nicht, verdient dieser kein Geld.

Würde jemand dieses Unternehmen kaufen wollen, so müssten alle Beteiligten zustimmen. Wo gibt es so etwas in irgendeinem „normalen" Unternehmen?
Nachtrag: In Michael Moore`s Dokumentarfilm „Kapitalismus: Eine Liebesgeschichte", wird erwähnt, dass es in den USA schon mehrere Hundert Unternehmungen mit dieser Bezahlmethode gibt und eine Unternehmung wird gefilmt, wo der Bäcker am Fließband das mehrfache eines Piloten bei einer großen Gesellschaft verdient, weil der Inhaber nach einem Verteilerschlüssel bezahlt, wo er nur etwas mehr verdient als die Angestellten. Dies wird gesagt, es wird keine Abrechnung, echte Zahlen gezeigt.

Beispiel:
Umsatz eines Unternehmens im Monat mit:

Umsatz mit 10 Mitarbeiter	200000
Aufwendungen Miete Kredittilgung Steuern (div.) Betriebsversicherungen Heizung, Strom, Gas, Wasser Maschinen., Ersatzteile etc. Wareneinsatz sonstige Kosten	-3.000 -1.000 -30.000 -4.000 -5.000 -6.000 -20.000 -35.000
Gesamt	-104.000
„Gewinn"	96.000

Obige Aufwendungen sind in dieser Unternehmung zwingend, um den Betrieb am Laufen zu halten.
Es wären 96.000 „Gewinn" übrig und nun wird es ungewohnt.

Alle Mitarbeiter könnten beschließen, jeden Monat 5% für Investitionen und 10% für Ersparnisse zu verbuchen, egal wie deren eigener Lohn aussehen mag!

5% Investition	-4.800
10% Ersparnis	-9.600
Rest, „Gewinn"	81.600

Dieser „Gewinn" könnte nun vollständig auf Lohn/Gehalt verbucht werden.

„Gewinn" in Anführungszeichen, da dieser normalerweise nach Abzug sämtlicher Ausgaben, auch Löhne u. Gehälter, vorhanden ist.

Man ist nun gewohnt irgendwo eingestellt zu werden und von Anfang an, Monat für Monat Summe X überwiesen zu bekommen.

Der Weg in die Selbständigkeit sieht nun wie folgt aus:

Die Zahlen sind Beispiele!

Geschäftsführer, Inhaber, Chef 25% (in jeder Unternehmung könnte es anders aussehen)

Für die 10 Mitarbeiter/Selbständigen (in jeder Unternehmung könnte es anders aussehen) sind erst mal Anzahl der Stunden relevant, der Grad der Ausbildung (ein Ingenieur muss deutlich mehr als ein Helfer bekommen) und die Produktionsleistung. Durch letzteres könnte ein Helfer durchaus wieder mehr verdienen, als ein Ingenieur, der nur 10 Stunden vor Ort war.

Wie auch immer es im einzelnen berechnet wird, als prozentuale Ergebnisse: (M = Mitarbeiter)

Geschäftsführer	25%
1 Mitarbeiter (M)	7%
2 M	18%
3 M	6%
4 M	0% (Urlaub)
5 M	12%
6 M	3% (5 Stunden/Woche)
7 M	9%
8 M	11%
9 M	4%
10 M	5%.

Die 81.600 „Gewinn" : 100 (816) mal obige Prozente in den Verteilergebnissen macht dann den jeweiligen Lohn aus.

Der Geschäftsführer würde 25 x 816 = 20.400, Mitarbeiter 7 mit 9% = 4.312, Mitarbeiter 2 mit 18% = 14.688 bekommen.

		Mal (x) 816 = Lohn
Geschäftsführer	25%	20.400
1 Mitarbeiter (M)	7%	4.312
2 M	18%	14.688
3 M	6%	896
4 M	0% (Urlaub)	0
5 M	12%	9.792
6 M	3% (5 Stunden/Woche)	2.448
7 M	9%	7.344
8 M	11%	8.976
9 M	4%	3.264
10 M	5%.	4.080

Leitet ein Habgieriger Unternehmer das Geschäft, welcher die Mitarbeiter als Kostenfaktor sieht, könnte bei jeden Lohn vielleicht nur 2000 stehen, was für ihn dann die restlichen 64.400 statt 20.400 ausmachen würde. Wenn dieser Habgierig wäre … .

Ein Verteilerschlüssel würde in jeder Unternehmung anders aussehen, obige Ausgaben sind äußerst spärlich, da die Ausgaben nahezu unendlich gehen können.
Obige Mitarbeiter, selbst die Lehrlinge, wären nun praktisch selbständig.
Jeder entscheidet durch seine Anzahl Stunden, seiner Ausbildung und natürlich der Produktivität, wie sein Lohn für den Monat aussehen wird.
Obiges ist nur ein Beispiel. Würde auch nur irgendeine von den vielen Reformen hier Erfolg haben, würde sich der Lohn für jedermann erhöhen.
Und obiges hätte Konsequenzen. Würde obiger Geschäftsführer seinen Mitarbeiter erklären, er hat den Monat zuvor 300.000€ an Unternehmensberatung „Expertenschwatz" bezahlt und kann diesen und nächsten Monat daher keine Löhne zahlen, die würden ihn vielleicht lynchen. So lässt dieses System auch einiges nicht mehr zu, wenn der Chef seine Helfer nicht verlieren will.
Anders herum, viele, viele Unternehmen sind hoch verschuldet, die Bezahlung nach Verteilerschlüssel könnten vielen Angestellten dann schnell die gute Laune verderben, wenn diese plötzlich sehen, wie sie seit Monaten „überbezahlt" werden, obwohl das Unternehmen schlecht

verkauft und das Geld geliehen werden musste.

Da im obigen Beispiel niemand mehr „Arbeiter" (dieser Name ist schon Blödsinn) oder Angestellt (ebenso) ist, würde statt monatlicher Lohnsteuer, sich nun **jeder** am Ende des Jahres, vielleicht Quartalsweise die Einkommensteuer ausrechnen und diese zahlen müssen. Da Arbeiter/Angestellte heute einfach ihren Nettolohn abzüglich Steuer erhalten, was meinen Sie, was los ist, sollten plötzlich 42 Millionen Einkommensteuer zahlen, sollten plötzlich 42 Millionen schwarz auf weiß sehen, was sie für nichts, ohne Rechnung, abgeben sollen!? Wahrscheinlich würde sich diese Steuer dann von selbst erledigen, andererseits könnten heutige „Arbeitgeber/Angestellten-Verhältnisse" mit monatlicher Überweisung auch die Antwort sein, dass es diese „Verhältnisse" nur aufgrund der Steuer gibt, damit die breite Masse die Höhe der Ausgabe nicht merkt.

Doch letztendlich muss das geisteskranke Steuerwesen sowieso reformiert werden.

Für geldgierige, kurzzeitig denkende Unternehmer, wäre obiges ein Alptraum. Für jene die rechnen können und für die Arbeiter und Angestellte nicht „Waren" zum auslutschen für den eigenen Gewinn sind, nun, diese könnten sich plötzlich in einer völlig neuen Gemeinschaft von Motivation, Initiative und Verantwortung gegenüber sehen, in Umsatz wohl kaum auszurechnen. Letztendlich: Es gibt keinen schlechteren Arbeiter, als den Sklaven.

Obiges, und dies soll keine Angeberei sein, wird **keine** Freunde in Parteien, Finanzämter oder überhaupt einer Regierung finden!!

Wenn Arbeiter/Angestellte und Unternehmer nicht mehr gegeneinander ausgespielt werden können, wird sich der Blickwinkel dieser auf Enteignung durch Besteuerung, Enteignung durch Banker, Grundbesitzer, Vermieter, letztendlich auf die beschissene Politik ausrichten.

Zum Beispiel sind es Arbeiter/Angestellte gewohnt, Ihr Gehalt abzgl. Steuer überwiesen zu bekommen. Muss nun jedermann seine Steuer ausrechnen und überweisen!!... , wird das unterdrückerische Steuersystem nicht lange Bestand haben.

Sind alle Mitarbeiter in einer Bäckerei nun plötzlich selbstständig und sehen seit 4 Monaten, dass ihre Löhne sich kaum erhöhen, da der Hausbesitzer 15.000€ statt zuvor 4.000€ Miete für 50 qm kassiert ..., nun, zuvor hatte der Vermieter es nur mit dem Unternehmer zu tun. Usw., usf! Es könnten ohne Untertreibung Hunderte solcher Bespiele genannt werden.

Jede Reform aus diesem Buch wird ähnliche Schwierigkeiten haben, denn unsere „Elite" ist nicht blöd, das denken Sie bitte nicht. Allerdings kann unsere Elite auch nicht wirklich rechnen. Und unsere Elite weiß auch nicht, was Gemeinschaft bedeutet, wahrscheinlich deshalb, da sich ohne deren Geld, niemand freiwillig mit ihnen abgeben würde.

Der Regisseur von „Let`s make Money" äußert sich in einem Interview darüber, dass die Entscheidungsträger um die Problematiken wissen. Doch keiner tut etwas. Wahrscheinlich spielt Angst eine große Rolle, doch auch die erzeugte Undurchsichtigkeit der Materie. Wenn man nicht weiß, wogegen man vorgehen sollte, was soll man dann tun?

Somit müssen jegliche Reformen (wenn diese etwas zum besseren wenden sollen) letztendlich mit deutlich, absolut erhöhter Aufmerksamkeit einhergehen. Aufmerksamkeit darüber was Militärs tun, was in der Umgebung passiert (Terroristen tun immer etwas bevor diese Terrorist werden), was Geheimdienste tun und planen, was Regierungen planen, was jede der obigen Gruppen tun oder planen und somit, da es Neu ist, ist ein freies Internet wichtiger denn je.

Durch das Internet können Lügen verbreitet werden, doch ist neben dem Buch das Internet die Quelle für freie Journalistik, für freie Information, welche unsere Medienkartelle, ob Radio, TV oder Tageszeitungen schon lange nicht mehr zulassen. Denn was denken Sie, wie konnte es dazu kommen, das so ein paar Gruppen mit Ihrer Enteignung derart weit kommen konnten?????????

Die Antwort werden Sie **nicht** in Ihrem TV, vor welchem Sie in Deutschland der Statistik nach, ca. 4.30 Stunden/Tag verbringen (Schande!), **nicht** in Ihrer Tageszeitung und **nicht** im Radio finden. Es konnte soweit kommen, weil Sie, wir es soweit kommen lassen haben, weil wir nicht wirklich rechnen können, weil Medien uns täglich mit Unlogik zumüllen. Sie stecken selbst also tief mit drin. Verantwortung – oder keine Verantwortung.

Aber es ist ja auch kein schönes Buch und wenn obiges für Sie eine Beleidigung war, so sollten Sie überlegen, ob Sie nicht etwas an elitären Denken übernommen haben und mit manchen Zielen der Enteignergruppen übereinstimmen!?? Wie wär's z.B. mit der Geburtenkontrolle!? Es ist für einige „Gutmenschen" ein offenbarter Alptraum, wenn gegenüber ein Haus gebaut plus Familie einzieht. War dort vorher doch so schöne Natur. Nun gut, wo Ehepaar „Gutmensch" lebt, war vorher auch Natur.

Sie sehen, Elitentum ist nicht so ohne. Es ist auch viel Gewohnheit, wohl mehr, als uns bewusst ist.

Obiges ist Bestandteil einer Neuüberarbeitung, folgend aus dem Jahr 2001.

Tariflöhne... .

Ist der Lohn festgelegt, es werden aber weniger Produkte, egal ob wegen schlechter Arbeit oder weniger Nachfrage verkauft, so ist der Unternehmer in der Regel an die ausgehandelten Löhne gebunden. Dies wird ihn dazu bringen, dass er das Unternehmenskapital aufzehrt oder sich verschuldet, womit er Knappheit verursachen würde.

Er könnte stattdessen gegen seine Arbeitnehmer handeln, indem er versucht, entsprechend der fehlenden Lohnsumme einige von ihnen zu entlassen. Womit er statt zu teilen gegen jene handeln muss, die auch ihm sein Einkommen finanzieren. Verrückt, nicht wahr? Wird weniger oder mehr produziert, so würde er bei gleichen Aufwendungen nach obiger Reform sich selbst und seinen Arbeitnehmern, entsprechend weniger oder mehr Lohn zahlen können. Was denken Sie, ist besser für das Betriebsklima? Schulden zu machen oder zu entlassen, oder etwas weniger zu verdienen mit dem Wissen, bei steigendem Erfolg wieder mehr verdienen zu können, während man seine Arbeit behält?

Das Einstellen neuer Mitarbeiter ...

Steht für die Unternehmung in guten Zeiten einer Produktionsausweitung nun das Einstellen neuer Mitarbeiter an, so ist dabei das ökonomische Prinzip ausschlaggebend, ob diese neuen mehr Produktion bringen und infolge dessen mehr Umsatz. Wird der Umsatz nach einem Schlüssel verteilt wie oben, so würden alle zusammen, der Unternehmer und seine Arbeitnehmer entscheiden können, ob sie mehr Mitarbeiter oder Helfer einstellen wollen oder nicht, und auch dabei würde das ökonomische Prinzip die Leitung haben. Jeder würde wissen, dass ein neuer Mitarbeiter von seinem eigenen Einkommen nehmen würde (bei gleichem Gewinn), doch weiß er, dass durch vielleicht steigende Nachfrage und höhere Produktion aller, die Aufwendungen wie Miete usw. immer weniger Anteil haben werden, womit alle am Ende mehr verdienen können als zuvor. Die gleichen Überlegungen würden beim Kauf neuer Maschinen, neuer Gebäude usw. anfallen und der Unternehmer sieht sich einer Situation gegenüber, in der seine Arbeitnehmer ein sehr persönliches Interesse an der Situation des Unternehmens und dessen Ausgaben bekommen werden.

Zerstörerische (und zur Erpressung dienende) Massenentlassungen wie in Banken-, Luftfahrt-, Energie-, oder allgemein im Industriebereich, wäre bei obiger Aufteilung der Produktionsergebnisse schlicht nicht möglich!

Was den gefürchteten Konkurs oder die Insolvenz angeht ...

Geht eine Unternehmung nach obigen oder ähnlichem Verteilerschlüssel vor, so kann sie sich und ihre Mitarbeiter ohne Entlassungen sehr lange über Wasser halten. Wird zu wenig produziert oder zu wenig verkauft, dann werden die sinkenden Löhne allen Beteiligten schnell klar machen, was getan werden muss - nämlich mehr und besser arbeiten, den gierigen Vermieter dazu bringen, die Miete zu senken, sparsamer sein, viele solcher Dinge. Mehr Werbung, bessere Produkte oder Leistung, vielleicht will niemand das Produkt nutzen, weil es zu rückständig oder teuer im Verbrauch ist, dann muss ein neues besseres her.

Die Unternehmung muss irgendwie die laufenden Aufwendungen finanziert bekommen, dann erst darf Lohn und Gehalt kommen.

Alle zusammen können deutlich mehr verdienen, oder, wenn es warum auch immer nicht läuft, erheblich länger in der Unternehmung bleiben, statt entlassen zu werden. Konkursverwalter müssten sich bei obiger Reform auf schlimme Zeiten einstellen – für Ihre Einnahmen. Mitleid soll hier bitte fehl am Platz sein.

Diese Reform zwingt den Unternehmer mit seinen Arbeitnehmern ins gleiche Boot - und sie werden entweder alle gewinnen oder zusammen untergehen, wenn niemand deren Erzeugnisse will, doch sobald die Unternehmung erst einmal steht, weil Leute das Produkt wollen, dann ist die Unternehmung ziemlich krisensicher.

Stellen Sie sich vor, Sie ernähren sich nur aus den Erzeugnissen aus Ihrem Garten und sie hatten eine schlechte Ernte. Sie hätten definitiv weniger zu Essen - doch Sie würden sich eine Menge Gedanken machen, was zu tun ist. Doch würden Sie Ihren Garten „schließen" wegen einer schlechten Ernte? Wohl kaum. In der Wirtschaft werden selbst natürlichste Abläufe ad absurdum geführt.

Und was die Konkurrenz betrifft... .

Eine gerechte Aufteilung des Mehrwerts allein, würde den verrückten Gedanken einer Konkurrenz der Produzenten untereinander nach einigen Jahren der Beruhigung, in einer simplen Bedürfnisbefriedigung enden lassen.

Es wird produziert, soviel wie nachgefragt wird und ist diese erfüllt, dann ist Zeit übrig für Freizeit, Kultur, Sport oder andere Beschäftigung. Je effektiver die eingesetzten Techniken, um so frühzeitiger kann „wieder Nachhause gegangen werden". Dies würde in allen Unternehmungen der Fall sein und statt übereinander herzufallen und Nachfrage abzufangen für den Preis, dass durch den Preisverfall weniger Gewinn am Ende herauskommt, würden alle individuell ihren Punkt finden, wo sie sich produktiv einpendeln. Jeder hat zu tun, sehr gutes Gehalt und Wohlstand und Reichtum erhöhen sich laufend, statt durch Überproduktion, welche die Schmarotzer und Enteigner bezahlt, aufgezehrt zu werden.

Rockefeller Snr., Vorbild aller Diebe, wusste sicherlich, was er mit der „Konkurrenz ist Sünde" meinte. Er selbst wollte und erhielt das totale Monopol auf die Grundlage der Zivilisation und ihrer hohen Produktion, der Energie. Energie in privater Hand ist natürlich wie ein Henkersbeil für alle Produzenten, eigentlich für die gesamte Welt, nicht wahr. Denn sie alle, vom multinationalen Konzern bis zum privaten Haushalt mit seinen TV-Gerät und Toaster, müssen einiges länger arbeiten, um einige wenige ordentlich vermögend zu machen.

Diese Idee, keine Konkurrenz zu haben, ist ein Extrem der Extremisten. Als Ergebnis ist dort keine Konkurrenz, einfach deshalb, weil die anderen Anbieter ruiniert oder Tod sind. Nur, ist die Wirtschaft stabil, und das ist unsere vielleicht 5% von möglichen 100%, können Unternehmungen locker überleben, auch wenn andere Unternehmungen dasselbe produzieren.

Und die Nebenkosten... .

Indem der Arbeitgeber und alle Mitarbeiter persönlich davon betroffen sind, was sie für ihre Erzeugnisse als Tausch zurückerhalten, da dieser die Grundlage ihrer Gehälter ist, werden sie alle zusammen auch gehöriges Interesse an den Aufwendungen erhalten, die allen schon mehr als die Hälfte ihres Umsatzes nehmen können. Fragen können auftauchen, wie: „Warum ist die Miete so hoch, der Vermieter tut doch nichts? Warum diese teure Versicherung, wo ist eine günstigere? Der Stromverbrauch, muss der so hoch sein? Muss es hier so warm sein, ihr wisst doch, die letzte Heizungsrechnung....?! Hier stellt eine Firma eine neue Maschine vor, die nur ein Zehntel der Energie benötigt, können wir sie uns leisten? und: Die Steuern!!! Frechheit! Was können wir dagegen tun?"

Die Reform der Entlohnungen nach obigem Muster würde allein für sich den Enteignungssystemen harte Zeiten bringen.

Ein Umsatzverteilerschlüssel ist ein Dreh- und Angelpunkt zur „gnadenlosen" Einhaltung des ökonomischen Wirtschaftsprinzips innerhalb eines Betriebes. Reformen, die vorschlagen, einigen Enteigner seltener Naturgüter die Einkommensgrundlage zu reformieren, könnten viel Unterstützung erhalten; im Ergebnis wäre weit mehr Gewinn und somit persönliches Einkommen vom Umsatz - und wer will so etwas nicht?

Nun, dem normalen Arbeitnehmer von heute kann dies egal sein, er bekommt seine paar Scheine, egal wie viel oder wenig er leistet - was also soll er sich da einmischen, es lohnt sich ja doch nicht.

Letztendlich ist obiger Verteilerschlüssel einfach nur eine Verwaltungstechnik, und jede Technik entwickelt sich entlang des ökonomischen Prinzips. Steht zu Beginn die Menge, die Quantität oder einfach erst mal die schnelle Lösung für etwas, so geht es irgendwann um die Qualität. Die industrielle Produktion in ihren Anfängen brachte uns Quantität an Produktion und auch Durcheinander und vorübergehend große Ungerechtigkeit mit breiter Armut, um am Ende an Qualität zu gewinnen (und sie schaffte dies selbst bei dieser Menge schmarotzender Gruppen!). Dieser Verteilerschlüssel sorgt einfach für Qualität und vielleicht noch nicht einmal für die beste. Doch warum meckern, solange es funktioniert, oder sich von „Wirtschaftsexperten" mit ihren 8.000 und mehr Begriffen verwirren zu lassen, wenn die Wirtschaft mit vielleicht 50 auskommt und sehr simpel sein könnte?

Es muss einfach noch einmal geschrieben werden: Wer leben will stellt sich hin und stellt Dinge oder Leistungen her, von denen er selbst oder andere leben können. Andere geben ihm dafür Geld, der klassische Tausch. Jeder, der von seinen Erzeugnissen leben kann, ob er sie selbst oder gegen Geld im Tausch konsumiert, muss anscheinend genügend über sein Produkt wissen, damit er davon leben kann, und wenn er nun genügend Leute kennt, die dieses für ihn verkaufen, dann läuft die Sache.

Die westlichen Nationen blockieren sich wie verrückt in ihrer Produktivität wertvollerer Dinge, indem sie jedem, der eine Idee umsetzen will oder einfach mehr arbeiten möchte, alle Arten Strafe von Überstundenregelungen, über bergeweise Steuer-Einmaleins, Verordnungen über das Einstellen von Mitarbeitern und andere Dinge - teilweise unglaublich krankes Zeug, auflegen.

Ich selbst habe zwei, dreimal den Versuch unternommen, ein Geschäft aufzubauen und nach gewisser Zeit keine Lust mehr dazu gehabt. Bei einer Idee vor vielen Jahren, passte alles Wissenswerte über meine Leistung, woraus sie besteht, wie sie geliefert wird usw., auf eine DIN-A4 Seite, während viele Ordner und zahlreiche abschreckende Bücher um mich herum standen mit Inhalten wie „Handelsrechtliche Rahmenbestimmungen für die Unternehmensformen, Bewertung nach Handels- und Steuerrecht, Bewegungsbilanz, Verfahren der Steuererhebung, Berechnung der Steuerschuld", dann ein Business-Plan inkl. Ertragsvorschau für drei Jahre, während Politiker maximal bis nächsten Monat denken, und, und, und.

Mir tun alle Unternehmer und Selbständige von Herzen leid, die diese Dinge kennen und sich dies gefallen lassen müssen. Studenten in Betriebs-, Volkswirtschaftslehre oder Wirtschaftswissenschaften und wie sie alle heißen, verschwenden mindestens zwei Drittel ihrer Zeit mit Inhalten, die nichts mit Wirtschaft zu tun haben und nur deshalb in ihren

Studienmaterialien vorkommen, weil dies einigen Gruppen hilft, die von anderer Leute Arbeit leben wollen. Wenn diese dann auf dem Arbeitsmarkt kommen und Ihre Schulden abarbeiten müssen, stehen diese vielleicht dann im Dienst einer dieser Enteigner und wenden das Gelernte an, wodurch diese Enteigner fest im Sattel bleiben.

Steuerfressende und vernichtende Regierungen, Wohlfahrt, Soziales, Banken, Gewerkschaftsfunktionäre – und unsere Elite weniger arroganter Männer, werden diese Idee von Gerechtigkeit abgrundtief hassen.

Bodenreform

Ausnahmslos jeder Mensch benötigt Boden zum Leben; als Lebensraum und auch als Lieferant von Nahrung und Rohstoffen.

Jeder Grund- u. Bodenbesitzer kann zwischen mehreren Möglichkeiten wählen; seinen Boden selbst zu nutzen, diesen zu verpachten oder zu vermieten, ihn unbenutzt lassen, ihn verkaufen. Nach der letzten Tätigkeit allerdings, ist er nicht mehr der Bodenbesitzer.

Gegenüber dem Besitzlosen ist er in einer machtvollen Ausgangslage, denn er kann den Boden verpachten oder vermieten und dadurch ein Einkommen erzielen ohne eigene Arbeitsleistung einzubringen, während der Pächter an ihn einen Teil seiner Leistung in Form von Geld oder (wie früher überwiegend) Naturalien abgeben muss, um den Boden benutzen zu dürfen. Die Situation verändert sich für den Besitzlosen weiter zum Nachteil, wenn der Besitzer den Boden durch Beschäftigte nutzen lässt. Ist Boden weit und breit in Privatbesitz, dann sind die Besitzlosen nicht in der Lage, sich durch eigenen Anbau von Nahrung am Leben zu erhalten, und um arbeiten zu können, braucht jeder Mensch Boden. Also werden diese Menschen abhängig Beschäftigte und bekommen ein Einkommen, das regelmäßig weit unter ihrem Arbeitseinsatz liegt. In einer Wirtschaft, die ein Privatbesitzrecht kultiviert und in der der Boden entsprechend wenigen Personen gehören kann, sind die Besitzlosen darauf angewiesen, etwas Boden vom Besitzer zur Verfügung zu bekommen.

Je mehr Menschen, je mehr Grund und Boden in wenigen Händen, um so wertvoller wird dieser Grund und Boden. Somit wird aus Privatbesitz an knappen, für die Existenz überlebenswichtigen Ressourcen, eine Spekulationsmasse. Freikaufen nach Gebot.

Privater Bodenbesitz war und ist rechtlich untragbar, die Geschichte des Bodenrechts insbesondere, geht historisch aber auf eine lange Entwicklungsgeschichte zurück und wie im Geld-, Wohlfahrts-, Steuer- und all den anderen in Privatbesitz gehenden Einkommensquellen, sind auch hier die Verursacher, die Initiatoren dieses falschen Rechts längst tot und können nicht zur Rechenschaft gezogen werden. Sie haben aber ein System hinterlassen, das wie alle anderen Privatrechtssysteme, der gesamten Gemeinschaft äußerst schweren Schaden zugefügt hat. Die Frage für eine Reform dieses Rechtsbereichs muss sein, wie die absolute Mehrheit der Bevölkerung gewinnen kann.

Die Uni Trier veröffentlichte im Internet einen Artikel „Bodennutzung und Bodenbesitz in Deutschland" und kommt in diesem schnell zu der Schlussfolgerung, dass über die Verteilung des Grundeigentums in Deutschland keine einheitlichen und aussagekräftigen Zahlen vorliegen!

Man muss sich diese Aussage auf der Zunge zergehen lassen, wenn man die Überwachung, Sammelwut vieler Behörden, besonders des Finanzamtes kennt, wie bis zum letzten Detail Daten aus dem eigenen Leben zusammengetragen, rechtlich erzwungen werden, für ein statistisches Bundesamt Millionen und Millionen ausgegeben werden – um dann festzustellen, wem der Grund und Boden, wem die Fläche auf der wir wohnen, wem unser Land gehört, ... ist nicht wirklich bekannt. (Oder darf nicht veröffentlicht werden).

Bleibt anhand vorhandener Daten nur eine Schätzung aus den 80er durch Daten aus den 70er, wonach der Wert von Grund und Boden in der Bundesrepublik, also ohne neue Bundesländer, auf 3,1 Billionen DM, damals ca. 35 Prozent des Volksvermögens beziffert wird.

Anhand einer Statistik zu Beginn der 70er Jahre, existierten etwa 10 Millionen Grundeigentümer, von diesen 6,5 Millionen Eigentümer von Eigenheimen beziehungsweise Eigentumswohnungen, 1,5 Millionen sonstige Kleineigentümer, 1,2 Millionen Landwirte (2012 nur noch 288.000), sowie 0,8 Million Großeigentümer. Nur ca. 2,2 Prozent dieser Bodeneigentümer, 0,001 Prozent der Bevölkerung besaßen damals etwa ein Drittel der Wirtschaftsfläche und fast drei Viertel der Forstfläche. Wie mag es heute aussehen, 2014?

Und obiges bezieht sich nur auf Deutschland.

Auf der Seite Forbes.com im Artikel „This is my Land", sind für die USA einige Namen mit Angaben der Flächen beziffert. Demnach besitzt Ted Turner 1.800.800 acres (1 acres = 4047qm[2)] also 7284600000 m² = 7284,6 km²), Archie Emmerson 1.500.00 acres, Allyn Ford 750.000 acres. Es sind nur drei Namen und so wie die „reichsten" Menschen dieser Welt nach Forbes, wohl nur Peanuts mit den wirklich Vermögenden, den wirklichen Besitzern.

Wenn Sie sich ein Haus bauen wollen, was müssen Sie für das Baugrundstück hinlegen?

Im Buch „Geld ohne Zinsen und Inflation" von Dr. Margrit Kennedy legt sie dar, wie z.B. nur zwischen 1950 bis 1982 der Wert sämtlicher Baugrundstücke ohne Arbeit, ohne Produktion, ohne Leistung der Besitzer um etwa 1000 Mrd. (DM) gestiegen ist. Und nur die Baugrundstücke. Wollte 1982 jemand ein solches Grundstück erwerben, so musste dreimal länger dafür gearbeitet werden als 1950.

Die Lösung ist im Ansatz dieselbe, wie sie zuvor schon im Geld- und Wohlfahrtswesen/Versicherungswesen zur Reform verwendet werden konnte. Niemandem soll das knappe Gut als Privatbesitz gehören, eine kollektive Besitznahme kommt wegen ihrer Unwirtschaftlichkeit ebenfalls nicht in Frage und 1989 zeigte im ehemaligen Ostblock, was passieren kann, wenn dem Menschen etwas nicht gehört. Es wird nicht wirklich genutzt.

In M. Kennedy`s Buch steht eine einfache und deutlich machende Abbildung, wonach drei Zustände im Bodenrecht existieren.

Bodenrecht im Kapitalismus	
Bodeneigentümer:	Private Haushalte
Bodennutzung:	private Haushalte und Unternehmen
Bodenpachtertrag:	in private Taschen
Bodenrecht im Sozialismus/Kommunismus	
Bodeneigentümer:	Staat/Genossenschaften
Bodennutzung:	staatlich zugeteilt
Bodenpachtertrag:	an den Staat
Lösung der Bodenrechtsfrage	
Bodeneigentümer:	Gemeinschaft (Dorf, Stadt, Land)
Bodennutzung:	private Haushalte u. Unternehmen
Bodenpachtertrag:	über die Gemeinschaft an alle Bürger

Die Lösung muss der Gemeinschaft und damit jedem Einwohner zugute kommen, weshalb nur eine private Nutzung in Frage kommt. Jeder, der ein Grundstück nutzen will, egal für welchen Zweck, soll dieses pachten können und dafür eine Nutzungsgebühr, eben diese Pacht an die Gemeinschaft (Dorf, Stadt, Land), statt einem Privatbesitzer abführen. Die Pachtverträge zwischen der Gemeinde und dem Nutzer sind zeitlich unbegrenzt und können auch vererbt werden (Erbpachtverträge), der Verkauf oder die Beleihung der Grundstücke ist ab diesem Zeitpunkt nicht mehr möglich, da keine Eigentumsansprüche mehr existieren. Auch neu ist, dass Gebäude nicht mehr als Bestandteil des Grundstücks angesehen, sondern sind privater beleih- und veräußerbarer Besitz des Nutzers, wie jede Art Ware oder Leistung, die individuell hervorgebracht wird. Plant der Nutzer einen Umzug in eine andere Stadt, dann muss er gegenüber dem Grundbuchamt seinen Pachtvertrag kündigen und für das Haus einen Käufer finden, der ihm den Wert des Eigenheims gibt. Vielleicht findet er jemanden, der ihm mehr gibt, als er dafür ausgegeben hatte, vielleicht auch nicht.

Will jemand auf einem Grundstück der Gemeinde ein Haus bauen, so muss er einen Pachtvertrag abschließen, kann sein Haus bauen, zahlt monatlich seine niedrige Pacht und stirbt er, so würde seine Familie sein Haus erben (wenn er will), wie auch seinen anderen Besitz, doch müssten diese die Pacht für das Grundstück an die Gemeinde weiterzahlen. Wollen sie dies nicht, so muss der Pachtvertrag gekündigt werden, das Haus verkauft werden an jemanden der dieses nutzen will und dieser muss auch wieder einen Pachtvertrag abschließen. Es gibt keine Möglichkeit, den Preis für den Boden nach oben zu spekulieren - also keine Spekulation, kein Einkommen ohne Arbeit!

Nicht alles ist Neu. In der Landwirtschaft wird laut dem Bauernverband, ca. 60% des Boden als Pachtfläche genutzt, nicht deutlich ist, an wem die Pacht geht. Geht diese an die Gemeinschaft/Staat, ist es akzeptabel (außer Acht gelassen, dass dieser mit Geld nicht umgehen kann), geht diese an Privatbesitzer, so ist es nicht akzeptabel.

Preissteigerungen bei Baugrundstücken, einfach jeder Euro mit dem man einen Privatbesitzer frei oder aus dem Weg kaufen muss, ist eine Schweinerei. Es wäre eine Doktorarbeit an sich, herauszufinden, um wie viel jegliche Staatsverschuldungen geringer wären, würden statt Privatbesitzer belohnt, geringe Pachten als Steuer gezahlt werden.

Es ist teils sehr gut beschrieben, wie Privatbesitzer vor Jahrhunderten an deren Grund und Boden gekommen sind. Verbrechen, Raub, Diebstahl, Bestechung. Hier ist nicht gemeint, wer sein Grundstück legal gekauft oder geerbt hat: Hier ist nicht der kleine Hausbesitzer gemeint, welcher zum Haus einige Quadratmeter Boden viel zu teuer kauft (bzw. kaufen muss, wenn er diese nicht pachten darf).

Und grundsätzlich ist eine Reform des Bodenrechts etwas völlig anderes, als eine schnell umsetzbare Reform der Missstände im Steuer-, Versicherungs- und Geldbereich!

Um das neue Bodenrecht einzuführen sind zwei Unterscheidungen zur Lösung notwendig: Ein Grundstück befindet sich entweder im Besitz der Gemeinde, oder es befindet sich in Privatbesitz. Ist die Gemeinde der Eigentümer, dann ist der Ablauf unproblematisch. Die Pachthöhe muss festgesetzt werden und sind mehrere Bewerber für ein Grundstück vorhanden, kann das Nutzungsrecht versteigert werden. Bei Grundstücken in privater Hand muss deren Wert festgelegt werden und müssen die Besitzer formal enteignet werden, bei gleichzeitigem Anspruch auf Entschädigung in Höhe des Grundstückwertes (keine schöne Lösung). Durch die formale Enteignung erhält die Gemeinde wiederum einen Anspruch auf jährliche Zahlung einer Pacht. Beide Ansprüche, also jene der Entschädigung von Seiten des Eigentümers und die der Pacht für die Gemeinde, werden miteinander verrechnet, bis sie ausgeglichen sind. Der Eigentümer würde bei einem Hebesatz von z.B. 2 1/2%, ca. 40 Jahre lang keine Pacht zahlen, und will er zum Ende hin weiterhin das Grundstück behalten, so zahlt er wie jeder andere eine Pacht an die Gemeinde. Verkaufen kann er das Grundstück nicht mehr, und es ist keinerlei Spekulation mehr möglich. Steht ein Gebäude auf dem Grundstück, dann gehört ihm dies bis zum Ablauf des Pachtvertrages und er muss es dann an einen Interessenten verkaufen. Gebäude sind weiterhin wie jede Ware oder Leistung privater Besitz, da diese erst durch persönlichen Einsatz von Arbeit entstehen konnten.

Der Eigentümer kann das Grundstück auch an seine Familie vererben und alles was sich ändern würde, wäre eben nur eine Zahlung der Pacht durch neue Eigentümer. Keine Spekulationserhöhung wie sie derzeit üblich ist, einfach nur eine simple Pacht!

Im Privatbesitzbodenrecht fehlt es wie in jedem anderen Privatbesitzrecht am Tausch. Das Privateigentum tauscht nicht mit der Mehrheit und das Staatseigentum tauscht nicht genügend mit dem Einzelnen. Die hier (oben) vorgeschlagene Lösung liegt (wie alle Lösungen, wie alle Reformen hier) in der Mitte der beiden extremen Varianten.

Um keine falschen Gedanken oder Panikattacken auszulösen, soll hier nochmals festgestellt werden, dass hier nicht die Idee besteht, irgend jemandem sein Haus wegzunehmen. Jeder würde sein Haus behalten, doch würde es für jene, die auch eine eigene Wohnung oder ein eigenes Haus besitzen wollen, aufgrund der nicht mehr möglichen Grund - und Bodenspekulation weit günstiger, ein eigenes zu erwerben. Spekulanten, die grundsätzlich die Preise aller Spekulationsobjekte hochtreiben, würden harten Zeiten entgegen gehen - sie müssen sich auf Kunstgegenstände, Briefmarken, Gemälde oder im Glücksspiel austoben, nichts aber haben sie in den Wirtschaftsbereichen zu tun, die Menschen ernähren sollen!!

Das wirklich Revolutionäre aber ist Folgendes: Viele werden die Aussage „Die Pachterlöse gehen an die Gemeinde!", in ihrer Tragweite weit unterschätzen. Zu viele Haushalte, zu viele Unternehmen zahlten bisher überwiegend eine Zwangsabgabe an den Privatbesitzer des Grundstücks. Die Gemeinschaft hatte niemals einen Nutzen davon, aber die Privatbesitzer. Sie hatten ihr arbeitsloses Einkommen auf den Schultern jener, die Dinge produzieren. Obige Reform übergeht einfach diese Unproduktiven, und statt in deren Tresore gehen die Nutzungsgebühren (Pacht) für Boden und Grundstücke einfach als Pacht in die Kasse der Gemeinde. Würde zuvor schon eine Steuerreform eingeführt und nur eine Verkaufssteuer erhoben, könnten alle Produktiven nun selbst von dieser Steuer mehr und mehr befreit werden, und zwar in der Höhe der Pachtzahlungen, welche die Gemeinden einnehmen. Und mehr noch: Jene Einkommensbezieher (das gilt natürlich für alle Reformen), die nur durch ihren Besitz von knappen Dingen ein angenehmes Leben führten, müssen sich irgendwann mit dem Gedanken anfreunden, es nun selbst einmal mit echter Produktivität zu versuchen. Der Geldadel, Besitzer, Erben seit X-Generationen, müssen wohl (eine schöne Vorstellung) in einem Betrieb in die Lehre gehen, einfach um Schritt für Schritt zu lernen, was Arbeit ist, wie diese getan wird.

Es ist auch nichts gegen weitere Vermietung von Wohnungen oder Einfamilienhäuser einzuwenden, da viele Menschen es vorziehen, flexibel zu bleiben, statt mit einem Haus ein „Klotz am Bein" zu kaufen, nur: Wohnen derzeit viele Menschen zur Miete, weil diese sich den Kauf, auch in Raten, nicht leisten können, würde nur die Wohlfahrt/Versicherungsreform ihm derart mehr Einkommen übrig lassen, dass er es sich nun kaufen könnte. Würde dann auch eine Geldreform existieren, so wäre ein Haus in allerhöchstens 10, eher 5 Jahren bezahlt und das seine.

Jeder könnte ein Nutzungsrecht über soviel Grund und Boden erhalten, wie er an Pacht zahlen kann, doch, wenn er diese nicht nutzt, und andere Menschen ebenfalls irgendwo leben wollen, könnte die Gemeine ihn zwingen, etwas abzugeben, wenn er diese Fläche nicht nutzt. Es können weiterhin Ferienwohnungen vermietet werden, da auf diese niemand existenziell angewiesen ist. Sie sind gewerbliche Mittel und für die Fläche, auf der sie stehen, muss der Pächter seine Nutzungsgebühr

(Pacht) an die Gemeinde zahlen.

Seitenweise könnten Details aufgelistet werden, letztendlich aber muss sich jeder einfach vor Augen halten, dass Grund und Boden knapp vorhanden ist und durch Privatbesitz immer wertvoller und somit teurer wird. Das kann und darf nicht sein.

Die Lösung wird, wie so oft, genau zum entgegengesetzten Ergebnis führen, indem die Gemeinden Pachtgelder einnehmen, die Staatsaufgaben durch Herbeiführung einiger oder aller Reformen aus diesem Buch immer weniger Umfang erhalten, und infolge dessen die Pachtzahlungen ebenfalls immer geringer ausfallen.

Wenn der Staatshaushalt in Deutschland derzeit ca. 47% ausmacht, so auch deshalb, da der Staatsapparat durch „sein" ausgegebenes Geld den Menschen kontrolliert, aber auch durch den Faktor „Gerechtigkeit". Wenn die Allgemeinheit von diversen enteignenden Gruppen angegriffen wird, so erzeugen diese Ungerechtigkeiten. Der Staat, die Regierung versucht (wenn seitens der Bevölkerung oder kleinerer Gruppen Druck ausgeübt wird) hier und dort dann „Gerechtigkeit" einzuführen, womit wir bergeweise neue Gesetze, Regeln, Beamte, Behörden und Kosten bekommen. Dann wird der Staat, die Regierung selbst immer mehr für Ungerechtigkeit = weitere Beamte, Behörden, Gesetze sorgen.

Eine Bodenreform würde in Industriestaaten wie denen Europas, in den USA u.a. zu viel Verwirrung stiften, in jedem wirtschaftlich niederliegenden Land, in Entwicklungsländern sowieso, würde sie zu einer massiven Belebung und Erholung der Szene führen. Für Industrienationen bleiben die Steuer-, Wohlfahrt - und Geldreformen als erstes durchzuführen, die des Mehrwerts kann von Beginn an in jedem Betrieb nach eigener Wahl eingerichtet werden, dann erst die Grund- und Bodenreform- diese ist die schwierigste, die älteste kriminelle Enteignung, diejenige wo deren Privatbesitzer real Materielles verlieren. Dies macht auch Sinn, da, bevor es Geld gab, bevor es Versicherung oder den Gedanken an Mehrwert gab, Grund und Boden logischerweise längst existierte. Dessen Diebstahl, ihn nun frei kaufen zu müssen, ist also der älteste und wohl der zäheste.

Und auch diese Reform werden einige hassen, darauf braucht keine Wette abgeschlossen zu werden.

Rentenreform

Einen großen Teil Geld aller Gehälter zu nehmen, um diese dann über einen großen Topf an alle alten Menschen, die nicht mehr arbeiten dürfen oder können, zu zahlen, ist ein ebenso großer Irrsinn wie das derzeitige Geld-, Wohlfahrts- und Steuersystem. Es funktioniert einfach nicht, da es die Verantwortung des Menschen für sein eigenes Schicksal verleugnet und wie immer, - es sich ökonomisch für den Einzelnen einfach „rechnet", früher als geplant die Rente einzustreichen, solange man noch lebt.

Verstehen Sie mich nicht falsch, ich bin ziemlich faul und freue mich jetzt schon auf meine ruhigen Tage, nur die staatliche Vorgabe ist sehr nahe der Zeit, wo Sterbestatistiken mir sagen, dass ich dem Durchschnitt nach, nicht viele Jahre von meinen eingezahlten Beiträgen leben werde.

Und, wenn die Familie eine Einheit bildet, die Rente bei Nichtgebrauch an irgendjemand anderes außerhalb dieser Familie geht, so ist dies natürlich zu einem gewissen Teil Enterbung.

Was also wäre eine gute Alternative?

Drehen wir die Uhr etwas zurück. Unsere Vorfahren, also jene die keinen Kühlschrank, keine Bekleidungsgeschäfte oder Zentralheizung kannten, investierten einen nicht geringen Anteil ihrer Produktivität in die Vorsorge für die harte und kalte Jahreszeit. Brennholz, Felle oder Stoff, haltbar machen der Nahrungsmittel, alles was half, um die entbehrungsreiche kalte Jahreszeit zu überstehen. Tiere, die Winterschlaf machen, fressen sich entsprechend rund und fett und meistens reicht das; für andere Tiere besteht die Überlebensstrategie darin, weite Entfernungen zurückzulegen in klimatisch günstigere Gebiete. Anscheinend verstehen sich alle Lebewesen darauf, gewisse Investitionen in ihre kürzere oder spätere Zukunft zu unternehmen. Aber immer, auch wenn manche Aktionen innerhalb der Herde durchgeführt werden, ist jedes Lebewesen, jedes Tier bezüglich seines eigenen Überlebens auf sich selbst angewiesen! Gänse müssen ihr Gras selbst fressen, Rinder auch, Zugvögel haben hohe Verluste hinzunehmen und allen ist gemeinsam, dass niemand „mitgeschleppt" wird. Jedes Tier ist voll und ganz auf sich allein gestellt, auch wenn die Gruppe in gewissen Maß Schutz gewährleistet.

Wir Menschen müssen nicht so hart sein und sind es Gott sei Dank nicht. Mitleid, Barmherzigkeit, soziale Einstellung spielen eine große Rolle.

Ist unsere Rente irgendetwas anderes als eine Investition in eine evtl.

harte Zeit oder als die Rücklage für den Jahresurlaub, in dem wir uns erholen? Nein, mit der Ausnahme, dass wir heute keine Felle, Nahrung oder Feuerholz lagern müssen, stattdessen haben wir das pervertierte Tauschmittel Geld.

Wird dieser ganze Schnickschnack der Rentenkassen, Sparfonds, Aktienpakete usw. beiseite gelassen, so ist die Rente letztendlich nichts anders als vorab geleistete Produktion, die über den Eigenbedarf hinausgeht. Während unsere Vorfahren auch noch damit zu kämpfen hatten, dass das Brennholz feucht wurde, die eingelagerte Nahrung verdarb, steht uns trotz aller bisherigen Nachteile mit dem Geld eine äußerst moderne Form und Möglichkeit der Vorsorge zur Verfügung. Die Reform der Renten ist auch im Bezug auf die ständig wachsende Weltbevölkerung von hoher Wichtigkeit. Überall dort, wo Zivilisation eine hohe Bedürfnisbefriedigung (trotz aller Fehler im System) erzielt, ist ein Rückgang des Bevölkerungswachstums zu beobachten. Für den Einzelnen fällt durch das Sicherheitsnetz die Notwendigkeit der Eigenvorsorge durch entsprechende Nachkommen aus. Wo aber keine Möglichkeit besteht, zusätzliche Leistung für die alten Tage zu „konservieren", wie es durch Geld (aber auch andere Methoden) auf einem Konto möglich wird, muss eben die „altmodische Variante" der Fortpflanzung des Überlebens wegen „das Konto ersetzen".

Und grundsätzlich, Rente ist ein emotionales Thema. Genauer betrachtet allerdings auch eine Flucht. Eine Flucht aus der Arbeit, die immer, und immer wieder von diesen Scheiß Enteignergruppen bestraft wird. Von dieser Arbeit, bei welcher zu viele irgendwann denken, „wofür tu ich das?"

Und man bekommt körperliche Gebrechen ab einem bestimmten Alter, dann macht Rente wirklich Sinn. Doch anders herum gibt es viele Menschen die äußerst unglücklich sind, wenn sie nicht mehr arbeiten können.

Ich habe die Lösung nun schon mehrmals angedeutet, letztendlich ist die Lösung die selbe wie jene der Wohlfahrt, die der Mehrwert, im Grunde auch die der Steuer.

Der Einzelne muss für sich selbst verantwortlich gemacht werden, jedoch durch die Gruppe mittels eines „Gemeinschaftsopfes" abgesichert, in den er selbst auch einzahlt. Jeder zahlt also monatlich auf ein eigenes Konto soviel ein, wie er kann oder will und die Versicherung, die Rentenkasse oder, wo auch immer dieses Konto verwaltet werden soll, nimmt daraus einen kleinen Verwaltungs- plus Risikoanteil, die übrige Summe wird langfristig dem Geldkreislauf zur Verfügung gestellt, wodurch (bei obiger Geldreform) andere mit diesem geparkten Geld Dinge aufbauen können, solange dies nicht für Rente gebraucht wird.

Absolut neu ist: Wer früher stirbt, dessen Angehörige erben entsprechend des Testaments die eingezahlten Beiträge, und ansonsten würde alles sonstige ähnlich wie unter Wohlfahrt beschrieben ablaufen. Das bedeutet also weiterhin eine soziale Verpflichtung innerhalb der Gemeinschaft, die Beiträge gehen (Beispiel!!!) zu einem Drittel (letztendlich je nach Leistungsforderungen) in den Gemeinschaftstopf und zu zwei Dritteln unantastbar auf das eigene Konto, welches von der Rentenkasse verwaltet wird, der Versicherte zahlt Beiträge für den Gemeinschaftstopf bis zu einer bestimmten vorgegebenen Höhe (Änderung gegenüber der Wohlfahrtsreform) und bekommt und zahlt erst weitere Beiträge, falls die eingezahlten nicht ausreichen sollten. Andersherum stehen diese ihm zur Verfügung, sobald er seine Rente antreten sollte bzw. sie von anderen Mitgliedern nicht in Anspruch genommen wurden. Die Beiträge auf das eigene Konto haben natürlich kein Limit, hier kann er soviel einzahlen, wie er will, kann und für notwendig hält.

Wird das Mitglied durch eigenes oder fremdes verursachen Frührentner, so erhält es einen Minimumanteil aus dem Gemeinschaftstopf, nachdem die eingezahlten Beiträge seines Kontos aufgebraucht sind, bei Fremdverschulden muss der Verursacher haftbar gemacht werden.

Ausgaben aus dem Gemeinschaftstopf müssen (um es unattraktiv zu machen) als Kredit oder Darlehen vergeben werden. Diese stammen praktisch aus der Risikoprämie, die für die Rente höher ausfallen muss – denn deutlich ausgedrückt, Rente und baldiger Tod gehen Hand in Hand. Der Rentner wird wohl keiner Arbeit mehr nachgehen, wovon er obiges Darlehen zurückzahlen kann oder könnte.

Wer sie in Anspruch nimmt, war letztendlich nicht fleißig genug, genügend Vorsorge für die eigene Zukunft zu treffen, oder, was heute eher der Fall wäre, Enteignergruppen haben ihm von seinem Lohn einfach nie genug gelassen.

Da Rente letztendlich ein Leben auf zuvor nicht eingetauschte Tauschmittel bedeutet, ist die Rentenkasse aber nur ein Weg der Wege. Genauso muss und sollte allen freie Hand gelassen werden, um die eigene Zukunft durch andere Werte wie Kunstgegenstände oder andere (nicht Aktien oder Ähnliches, wo auf Kosten anderer gelebt wird) Mittel zu sichern.

Was gern vergessen wird, Rentenbeiträge werden zum Spekulieren genommen. Pensionsfonds waren 2008 mehrmals in den Schlagzeilen. Renten wie heute, sind durch die Enteignergruppen, durch zu wenige

Einzahler, durch zu viele Pensionäre die nie einzahlten, im Grunde verteilte Gelder an einen großen Teil der Bevölkerung um diesen für die nächste Wahl günstig zu stimmen. Nur wenige haben ihre Rente wirklich verdient, und jene unglücklichen, die früh sterben – dessen Verwandte, die Kinder, erst Recht die Frau, erben selten etwas, was durch diese Reform möglich ist.

Dem Staat sollte weiterhin das Recht gewährt werden, durch Gesetz die Erfüllung von Mindeststandards von dem Einzelnen zu verlangen. Jemand kann meinen, bis an sein Lebensende arbeiten zu wollen und so etwas nicht zu benötigen, doch wenn er plötzlich doch nicht arbeiten kann, dann liegt er/sie der Gemeinschaft auf der Tasche und sie wird die Auslage wohl niemals zurückbekommen.

Wird die Rentenreform nach der Geldreform eingeführt, stehen die Rentengelder statt wie derzeit dem Staat zum Übertünchen selbstverursachter Fehlleistungen, der Gemeinschaft als wirklich langfristige Kredite oder Darlehen für gemeinschaftsfördernde Investitionen zur Verfügung. Der Bürger, der Beiträge in seine Rentenkasse zahlt, zahlt diese letztendlich wie auf sein Bankkonto ein und unterstützt durch seine zusätzlich erbrachtes, aber nicht in Anspruch genommenes Einkommen die Gemeinschaft, indem er ihr dieses zur Verfügung stellt. Bei Einführung aller hier beschriebenen Reformen kann er auch sicher sein, dass diese wirklich überlebensfördernde Vorhaben finanzieren, wie es derzeit in einer spekulativen, auf Zerstörung ausgelegten Wirtschaft nicht möglich ist.

Rente, welche per Definition im Grunde aussagt, dass man von zu oft bestrafter Arbeit apathisch geworden ist und mit dieser nichts mehr zu tun haben will, muss mit Eigen-Verantwortung kombiniert werden

Patentwesen

Wissen hat wie alles andere seine zwei Seiten. Im Guten verwendet, nutzt Wissen seinem Besitzer oder dem Umfeld, indem es größtmöglichen Erfolg mit geringen Mitteln ermöglicht oder andersherum, mit wenigen Mitteln einen größeren Erfolg, einen größeren Nutzen aus etwas ziehen lässt. Die negative Seite: Wissen kann zu einem Privatbesitz verkommen, indem es andere daran hindert, eine Knappheit an etwas zu verändern.

Das seit einigen Jahrzehnten magische Werkzeug dazu nennt sich

„Patent", das „dem Erfinder einer Idee, eine Urkunde das Recht zur alleinigen Benutzung und gewerblichen Verwertung gibt".

Obwohl Patente durch das Rechtswesen geschützt werden, kann ein falsches Recht (wie es derzeit üblich und normal ist), dessen Schutz allein dem Privatbesitz dient und eine Nutzung knapper Naturgüter zu erschwinglichen Preisen unmöglich macht, das Patentwesen pervertieren - und dies geschieht in großem Umfang. Falsches Recht im Patentwesen verankert, kann knappes, grundlegendes, einfaches aber machtvolles Wissen in Privatbesitz übergehen lassen und somit der Nutzung durch die Mehrheit verwehren. Erfindungen, Ideen, Verbesserungen, die ein Mensch aus der Beobachtung seiner Umgebung selbst entwickelt, beruhen immer, so merkwürdig es sich anhören mag, auf Naturgesetze! Dieser Umstand macht es möglich, grundlegende Entdeckungen, die für die Gesellschaft überlebenswichtig sind und durch ihre grundlegende Wahrheit der Einfachheit, eine Art von Wissensmonopol bilden, in Privatbesitz zu nehmen. So gibt es weltweit wahrscheinlich mehrere hunderttausend Erfindungen für Konsumgüter aller Arten und Variation, über kostenlose Energie vielleicht nur wenige, im besten Fall einige Dutzend, da Energie als Grundlage allen Lebens, einen äußerst elementaren Faktor bildet. Eine finanziell entsprechend ausgestattete Gruppe kann sich genügend Forscher leisten, um diese heraus zu bekommen oder einfach das Wissen vom privaten Entdecker zur Herausgabe erpressen. Diese Erfindung in den Händen einer Gruppe, die Energie teuer verkaufen möchte, würde durch das Recht, das Privatbesitz beschützt, die absolute Mehrheit der Erdbevölkerung von der günstigen Befriedigung ihrer Bedürfnisse ausgrenzen. Teure Energie macht Segensreiche Projekte unmöglich, dessen Verwirklichung große Energiemengen benötigt.

Wie beim Zins, der freigekauft werden muss, kann der Preis für diese Erfindung im Privatbesitz so hoch sein, wie er nie aufgebracht werden kann, weil nicht gewollt ist, dass ein Verkauf stattfindet.

Somit ist ein grundlegendes Patent in Händen einer Person oder Gesellschaft ein Monopol.

Obiges Argument ist nicht weit hergeholt. Die Gebühren für Patentanmeldungen sind in die Höhe geschnellt, Neue-Energie-Entdeckungen erhalten in den USA zum Beispiel regelmäßig eine Verfügung zur Geheimhaltung ins Haus geschickt, der Absender ist das Pentagon, welches für die Welt verpestende Schwerverbrecher der Energieindustrie, wenigstens ein Dutzend mal die Ansprüche im Nahen Osten militärisch durchgesetzt hat.

Firmenlobbys drängen in Washington nach Jeanne Mannings Buch

„Freie Energie" schon länger auf Veränderungen der Patentverfahren, um es den privaten Erfindern noch schwerer zu machen. Ich sage Ihnen hier, dass in den Schränken der so um unsere Gesundheit besorgten Regierungen seit Jahrzehnten alles Notwendige an Technologie liegt, um alle, jedes nur erdenkliche Problem mit günstigsten oder beinahe kostenlosen Mitteln zu korrigieren! Mag sein, dass Dealer und Junkies auf Straßen ein schlechtes Bild abgeben, doch wenn es um das Wegsperren in Gefängnisse geht, landen dort die unbedeutenden „kleinen Fische".

Der oft in Medien zerfleischte Dr. Rath, dessen „Verbrechen" wohl die Verbreitung von Informationen über Vitamine sind, der wohl mehrere Versuche der Pharma/Chemieindustrie zur Eindämmung bis hin zum Verbot von frei verkäuflichen Vitaminen vereitelt haben mag, hielt einen Vortrag (Chemie-Pharma-Öl-Kartell), welches im Internet zu sehen ist.

Recht deutlich wird gezeigt, wie Patentierung zum Schaden der Allgemeinheit abläuft, jedoch auch, wie Patente von irgend etwas gezielt entwickelt werden, um Naturheilmittel, oder schlichtweg die Nutzung der Natur zu verhindern (Monsanto). Der **Verbot** von Hanf, aus welcher Cannabis/Marihuana nur ein verschwindend kleiner Produktabschnitt sein mag im Verhältnis zum Nutzen dieser Pflanze (Öl, Fasern für Stoffe, Baustoff, Dämmmaterial, Papier u.v.m.) ist DIE Grundlage unserer heutigen, so gottgleich wichtigen Öl-, Pharma- und Chemieindustrie.

So bekommen wir aufgekaufte, weggesperrte Patente, um gewisse Produkte nicht zu bekommen oder aufgezwungene Produkte aus Patente, deren Zweck nur der ist, laufend für etwas Geld ausgeben zu müssen, da der natürliche Grundstoff nicht erhältlich ist (Hanf u.a.).

Es ist ein Bereich, frei von Gewissen, indirekt und direkt für Millionen Tode, Hunger, Vergiftung, Naturzerstörung verantwortlich.

Um es deutlich zu machen: Es gibt gewisse Dinge, welche die Natur nur einmal hervorbringt, bzw. die als Grundlage von etwas nur ihre Nutzung zulassen. Grund und Boden sind einmalig und endlich, Luft und Wasser ebenfalls. Geld ist kein Naturgut, als Zahlungsmittel jedoch muss es endlich entsprechend der Waren und Leistungen vorhanden sein; Energie, die Materie belebt, würde in ihrer einfachsten nutzbaren Form ihrer Natur nach voraussichtlich nur einmalig vorkommen und wäre im Bezug auf das Wissen über ihre Nutzung eine endliche Angelegenheit. Alles endlich, begrenzt Vorhandene kann und darf nicht in Privatbesitz sein, denn dies bedeutet eine Rechtsprechung mit der Zielsetzung, die gesamte gegenwärtige Weltbevölkerung durch altmodische, ineffektive Lösungen mit unnötigen Problemen zu belasten.

Dr. Rath ist oder war international sehr aktiv für die Vitaminfreiheit engagiert und in einer seiner Publikationen beschreibt er recht deutlich, warum die Pharmaindustrie soviel Wert auf chemisch-künstliche Medikamente liegt. Sie kann diese Entwicklungen patentieren und macht darauffolgend Milliarden Gewinne, während sie mit natürlichen Produkten, ob Vitamine, Kräutern u.a., welche diese nicht patentieren lassen kann, kein Monopol erhält und keine Milliarden Gewinne schreiben würde. So müssen die Patienten eben mit ihren Krankheiten weiter leben und sich damit zufrieden geben, dass die Symptome der Krankheit durch patentierte chemische Mittel angegangen werden, um dann später durch die Schädlichkeit dessen, was als Hilfe verkauft wird, in wirklicher Krankheit zu enden. Man kann sagen: Die Pharmaindustrie sorgt für ihre zukünftigen Kunden selbst, indem es diese schleichend vergiftet.

Das Patentwesen und sein falsch ausgerichtetes Recht ist ein Paradebeispiel für die Prinzipien 1-5 und einer gegen die Gemeinschaft missbrauchtes ökonomisches Prinzip in die eigenen Taschen. Nützliche Erfindungen, die das ökonomische Prinzip des Wirtschaftens für alle wahr werden lassen könnten und die Produktion erhöhen, bzw. mit den vorhanden Mitteln weit größeren Erfolg ermöglichen würden, werden dem privaten Gewinn geopfert, und die Nutznießer bleiben schwer beschäftigt, mit weniger ergiebigen Techniken. Dies wäre das erste Prinzip. Das durch die Erfindung vorhandene Wissen, durch dass eine Leistungssteigerung an Effektivität erreicht werden könnte, wird durch seinen Privatbesitz im wahrsten Sinn des Wortes knapp gemacht und die ineffiziente, teure, schmutzige, ungesunde aber immer unökonomische Lösung fordert weiter zu allen Zeiten die Beseitigung ihrer Folgen. Immer weitere Symptome (zweites Prinzip) addieren sich zu den vorherigen und fordern technologische und kostenintensive Beseitigungen (Öl ...). Die Ursachen werden nicht angegangen, (drittes Prinzip) indem bessere, neuere, moderne aber vor allen Dingen grundlegende Technologien verwendet werden, und die Symptombehandlung trübt den Blick aller für das Wesentliche und treibt die Kosten in astronomische Höhen. Indem das Wissen nicht geteilt wird (viertes Prinzip), herrscht das alte nicht mehr zeitgemäße weiter und treibt die Welt in einen Zusammenbruch. Das fünfte Prinzip schließlich erhält in einer Zivilisation eine übergeordnete Rolle, da diese erst durch neuartige Entwicklungen, Erfindungen erschaffen wird. Ein Patentwesen welches Erfindungen aufkaufen lässt, hält die Zivilisation im Würgegriff, und wir zahlen einen sehr hohen Preis für Techniken, die der Steinzeit würdig wären, aber bei derzeit 6 - 8 Milliarden Menschen nicht zeitgemäß sind und vor allen Dingen einen absolut zu hohen Preis verlangen. Die weltweite Energie-Infrastruktur, die hauptsächlich auf Verbrennung von Öl, Kohle und Erdgas und dem Einsatz radioaktiver Elemente beruht, verschlingt ungefähr 2 Billionen US-Dollar jährlich! Muss irgendjemandem näher erklärt werden, dass diese Mittel, würden sie eingespart werden, ausreichen, um alle erdenklichen wirtschaftlichen Probleme zu lösen? Und dies ist nur der Preis für eine rückständige Energie! Bei ihrer Lösung wird also jeder (abzüglich der Energiekonzerne) gewinnen. Wir sollten wirklich aufhören, für Privatbesitzer zu arbeiten!

Denken Sie nicht, unser liebes Auto hat Fortschritte gemacht. Die Neuerungen sind elektronischer Spielernatur, der Motor selbst (Explosionsprinzip) ist tiefste Steinzeit, egal wie viele hübsche mechanische Teile noch hineingebaut werden.

Schaut man sich dagegen die Entwicklung des Mikrochips an, bekommt man eine Idee, was Erfindung und Fortschritt in der Anwendung bedeuten mag.

Die Lösung liegt wie fast immer, in der Mitte.

Wie mit dem Grund und Boden, der weder geeignet ist, Privateigentum zu sein und auch nicht das des Staates, so ist Wissen nicht geeignet Privatbesitz zu sein oder das einer Elite. Eine Kombination ist notwendig, die dem Entwickler seine Belohnung gibt und die Bevölkerung teilhaben lässt. Die Zivilisation ist teilweise soweit vorangeschritten, dass sie es sich nicht mehr leisten kann, von einigen Gruppen gebremst zu werden. Es ist einfach zu kostspielig für die Weltbevölkerung und für die Umwelt. Von unnötiger Arbeitszeit nicht erst zu sprechen.

Die Reform-

Ein Beispiel zur Einleitung, um die folgende Reform verständlicher zu machen. Irgendwer hatte vor vielen, vielen Generation den Einfall, Tierhäute und -felle als Kleidung zu nutzen, in die Tat umgesetzt. Die gesamte Menschheit nutzt diese Idee seit vielen Generationen, um sich vor der Witterung zu schützen, heute wurde dieser Part durch die Kleidungsindustrie übernommen.

Würde es damals das Patentwesen gegeben haben und angenommen, dieser Erfinder hätte sein Patent jemandem verkauft, der nicht wollte, dass es dem Menschen besser geht, so würden wir vielleicht heute noch frierend den Winter durchleiden, im Sommer der heißen Sonne ausgesetzt sein und vom Regen und Wind ständig ausgekühlt werden – in nördlichen Regionen also würde es uns dreckig gehen. Dieses Beispiel ist sehr übertrieben und lässt alle weiteren Bestimmungen bzgl.

des Patentwesens unberücksichtigt, doch dient es recht gut dazu jedem klar zu machen, was passiert, sobald Recht benutzt werden darf, um eine positive Entwicklung zu behindern. Die Reform müsste in der folgenden Richtung ausgerichtet sein:

Jede Art konstruktives, aufbauendes Wissen, muss für jedermann nutzbar sein!

Wissen darf nicht monopolisiert, versteckt oder geheimgehalten (aufgekauft) werden, um seine Benutzung oder Anwendung zu be- oder verhindern. Die gilt für Unternehmen ebenso wie für Regierungen und deren Organe.

Der Erfinder, Entwickler oder Entdecker einer neuen Technik, eines Erzeugnisses muss seinen Tausch erhalten, ob durch Geld, aber auch aus Ansehen, Privilegien und ähnlichen Belohnungen, wenn er diese überhaupt will.

Die Bedeutung des Wortes Patent im Sinne von „dem Erfinder einer Idee, eine Urkunde das Recht zur alleinigen Benutzung und gewerblichen Verwertung gibt", muss im Sinne einer gemeinschaftlichen Nutzung und eines dementsprechenden Gewinns für die Allgemeinheit umformuliert werden. Das Patent muss die Urheberschaft des Erfinders oder Urhebers über eine Entdeckung urkundlich sicherstellen und durch diese dem Entdecker an wirtschaftlicher Verwertung eine anteilige Belohnung (Lizenzgebühr o.a.) zukommen lassen, sofern der Entdecker noch nicht verstorben ist. Auch nach dem seinem Tod darf das Patent nicht in Privatbesitz übergehen.

Muss der Erfinder der Patentbehörde derzeit viel Geld für seine Entdeckung bezahlen, damit diese dann einen Rechtsschutz vor Ideenklau erhält, sollten diese Institutionen vollständig neu etabliert werden.

Ihr Aufbau sollte dem einer gewerblichen Vermittlungsagentur gleichkommen, welche einen Prozentsatz des Umsatzes, der Gage oder anderen Art von Belohnung aus der Verwertung des Künstlers (und ein Erfinder ist eine Art Künstler) o.a. erhält.

Durch obige Neustrukturierung würde diese Agentur einen äußerst hohen Wert für die Gemeinschaft erhalten. Statt wie bisher auf einem Schatz von Wissen zu sitzen, welcher einfach nur rechtlich geschützt ist und im nicht unerheblichem Ausmaß völlig unerkannt verrottet, würde diese Agentur nun quasi als Vermittlungsagent aller Erfinder fungieren können und im Eigeninteresse des Gewinns alles tun wollen, diese an Unternehmen und Selbstständige zur gewerblichen Verwertung vermittelt zu bekommen. Erfinder, die ihr Patent anmelden, sollten von allen Kosten befreit werden. Ihr Know-how ist die zukünftig finanzielle Einnahme, die zukünftige Verbesserung der Gesellschaft.

Dies würde auch ein Unternehmen schützen, welches durch seine eigene Forschung Erfindungen anmeldet. Dieses Unternehmen hätte zwar keinen Alleinverwertungsanspruch auf sein Patent, doch es würde, sollten diverse andere Unternehmen die Erfindung nutzen wollen, erhebliche Gewinne aus den Gebühren erzielen. Auf lange Sicht könnte diese Unternehmung finanziell dadurch sogar weit mehr einnehmen, auch würde diesem Unternehmen wie jedem privaten Tüftler jeglicher Streit mit Nachahmern, Ideendieben, Copyright-Verletzung kein Kopfzerbrechen machen, sind doch die Gebühren niedrig genug, um kein Interesse an strafbarer Verwertung zu haben. Die Agentur wiederum könnte und würde (sie lebt ja von ihrem Anteil an den Gebühren) alle Rechtswerkzeuge einsetzen, um solche Individuen oder Unternehmen zu verfolgen, und nimmt damit den Patentinhabern diese umständlichen Verwaltungsaufgaben ab. Ein Patent und die in ihm enthaltende Erfindung oder Idee kann bei ihrer Verwertung der Gemeinschaft einen ökonomischen Nutzen in Form eingesparter Energie, Zeit, Raum oder von Rohstoffen ermöglichen; überwiegend zielen sie auch darauf ab.

Eine grundlegende neue Technik, welche der gesamten Welt Energie z.B. für ein ein Zehntel vorheriger Kosten, oder einfach ohne irgendwelche Umweltbelastung geben würde, ist ökonomisch also von erheblichem Wert, die kaum in Zahlen zu berechnen ist. In Privatbesitz könnte diese theoretisch einfach im Tresor verrotten. Das eine ist egoistischer Privatbesitz, der private Taschen füllt, das letztere gemeinschaftliche Nutzung, an welcher der Erfinder verdient und auch die Gemeinschaft gewinnt. Obiges weicht sehr weit von der gängigen Praxis ab!

Unternehmen z.B. holen sich Arbeitskräfte mit entsprechendem Know-how in die Entwicklung und jegliche Entdeckung daraus gehört dann dem Unternehmen. Der Erfinder wird normalerweise vielleicht mit einem hohen Scheck, im Verhältnis zum Gewinn für das Unternehmen jedoch nur minimal gewürdigt. Doch weit schwerwiegender fällt das daraus folgende Privatbesitzrecht über die Erfindung ins Gewicht. Das Unternehmen hat jahrelang einen Alleinverwertungsanspruch und kann sich mit der Veröffentlichung entsprechend Zeit lassen oder bei wirtschaftlicher Verwertung einen sehr hohen Preis aufgrund seines Monopols verlangen. Gerechtfertigt wird dies häufig mit den hohen Entwicklungskosten, doch wurden und werden wirklich wichtige Entdeckungen überwiegend von privaten, mit sehr spärlichen Mitteln ausgerüsteten Privatpersonen gemacht.

Letztendlich: Es darf nicht zugelassen werden, dass eine für die Gesellschaft nützliche Entwicklung in private egoistische Hände, und somit Reichweite der Allgemeinheit gelangt.

Konsum und Verbrauchsreform - Oder ein neues Bau-, Kleidungs-, Papier-, Nahrungsmittel, Kunststoff und Ölersatzmittel

Es gibt einen Stoff, eine Pflanze, welche vom Menschen weltweit seit Jahrtausenden für oben genannte Bedürfnisse (ausgenommen Kunststoff) genutzt wurde und die erst seit den 30er Jahren im 20. Jahrhundert zu einem Tabu gemacht wurde. Die Rede ist hier von Hanf, oder Nutzhanf, der wohl universellsten Pflanze für den täglichen Gebrauch!

H. Ford stellte 1941 ein Auto bestehend aus 70% Hanf vor. Dieses Auto wog ein Drittel weniger als herkömmliche Stahlautos, wies aber eine zehnmal höhere Schlagsicherheit auf. Das französische Unternehmen Chenevotte Habitat hat bereits mehr als 500 Hanfhäuser gebaut. Ein Hektar Hanf ergibt etwa 60 Kubikmeter "Baustoff", welche für ein Haus von 135 Quadratmeter ausreicht. Während für ein Haus aus Holz Jahrzehnte bis 200 und 500 Jahre alte Bäume geschlagen werden müssen, wächst die benötigte Menge Hanf in nur 100 Tagen - das Haus jedoch hält in beiden Fällen mindestens 50 Jahre. Hanf liefert sehr gute Öle zum Verzehr, kann aber auch als Farbgrundlage und Pflegemittel dienen. Hanf kann das Schlagen von Bäumen für Papierholz völlig überflüssig machen und vieles, vieles mehr, wobei die Möglichkeiten aufgrund der unterdrückten oder nicht finanzierten Forschung kaum abzusehen sind. Hanf wächst bis zu 4 Meter hoch und benötigt wenig Pflege, aufgrund seines schnellen Wachstums hat Unkraut wenig Möglichkeiten sich zu entwickeln und geht mangels Licht schließlich ein, es sind also keine Insektizide oder Fungizide erforderlich. Die Pflanze wächst in den meisten Klimaregionen, die tiefen Wurzeln beugen der Bodenerosion vor. Der Ernteertrag ist viermal so hoch wie bei Bäumen, sie absorbiert Schwermetalle aus dem Boden, wodurch sie den Boden langsam reinigt, was in der Landwirtschaft mehr und mehr

zu einem akuten Problem geworden ist (Abwässer, Düngemittel,

Pestizide etc.).

Baumwolle, der Hauptstoff der Kleidungsindustrie, wird weltweit auf drei Prozent des besten Ackerlandes angebaut, benötigt jedoch 25 Prozent aller Pestizide. Baumwolle muss stark bewässert werden, sie benötigt sehr viel Dünger und entzieht dem Boden alle Nährstoffe. Dass aus Hanffasern gut haltbare Stoffe für Kleidung, Segel, Seile etc. hergestellt werden kann, braucht wohl kaum noch erwähnt zu werden. Jahrhunderte lang fuhren Segelboote aller Größen aus Segel und Seite aus Hanfstoff.

Die Gründerväter der USA George Washington und Thomas Jefferson verfügten beide aus erster Hand über Erfahrungen im Umgang mit dem Hanfanbau. In einem Brief aus dem Jahr 1815 dokumentiert Jefferson seine Abneigung gegen Flachs, da „Flachs dem Boden soviel Schaden zufügt und sowenig Ertrag abgibt, dass ich ihn nie angebaut habe. Hanf hingegen ist äußerst produktiv und wächst für immer auf demselben Land". Thomas Jefferson erhielt auch das erste Patent für eine von ihm erfundene Maschine zum Ernten von Hanf. In einer Farmerzeitung vom 16. März 1791 erklärte Jefferson: „Der Tabakanbau ist schädlich, da die Pflanze den Boden zu stark auslaugt. Sie braucht viel Dünger, der dann für andere Feldfrüchte fehlt... . Es ist eine bekannte Tatsache, dass der beste Hanf und der beste Tabak auf demselben Boden wachsen. Ersterer ist von höchster Notwendigkeit für Handel und Marine (Segelstoffe), in anderen Worten, für das Wohlergehen und den Schutz des Landes. Letzterer ist nie nützlich und bisweilen schädlich... . Auf dem Feld erfordert der Hanf zwar mehr Aufwand als der Tabakanbau, aber da sich aus ihm die verschiedensten Dinge herstellen lassen, verhilft er einer großen Zahl von Menschen zur Arbeit. In einem bevölkerungsreichen Land ist der Hanf also vorzuziehen."

Die amerikanische Regierung stellt den Anbau - wie andere Regierungen auch - aufgrund der Möglichkeit, die Blüten, Knospen und Blätter als leichte Droge (Marihuana) zu verwenden, unter Strafe. Dies ist sehr merkwürdig, denn als in den 30er Jahren der Hanfanbau verboten wurde, wurde der Welt gleichzeitig ein chemisch/künstliches Pharmakartell und deren toxische Produkte aufgezwungen.

Wie hier im Buch beschrieben, besteht ein Trick der Enteignerjungs daraus, alltägliche Gebrauchsgüter patentierbar, und damit teuer und knapp zu machen, wofür sich chemische und künstlich hergestellte Stoffe aufgrund ihrer scheinbaren Einzigartigkeit bestens eignen.

Doch weit interessanter mag hier die Bedeutung der psychoaktiven Mittel sein. Viel Gerede wird um die Droge Marihuana gemacht, obwohl anscheinend nicht ein Todesfall durch dessen Konsum bekannt wurde.

Um der Schande ihres Verbots die Krönung zu geben. bekommen Sie in Apotheken auf Rezept oder ohne, von Ihrem Ihrer Gesundheit verpflichteten Arzt/Apotheker heftige Psychopharmaka, Statine (gegen hohe Cholesterinwerte und Herzerkrankungen) wo selbst die FDA aufgrund vieler Nebenwirkungen mehrere Warnungen herausgegeben hat, langjährige Einnahme von Antibiotika, welche nun als Hauptursache für das Entstehen antibiotikaresistenter »Super-Erreger« gelten, Antipsychotika welche, oh Wunder, langfristige neurologische Schäden und Schädigung des Gehirns verursachen, Antidepressiva wie Fluoxetin, Sertralin, Paroxetin und Escitalopram die seit Jahren verkauft, als Nebenwirkungen zum Beispiel Selbstmordneigung, sexuelle Dysfunktion, Magen-Darm-Blutung und Herzkrankheit fördern.

Das Verbot von Hanf ist ein Verbrechen, sowie der Verkauf obiger Mittel ein Verbrechen ist. Nichts anderes.

Medikamente von unseren so um unsere Gesundheit besorgten Pharmajungs, haben schon längst einen guten Platz als Grund vorzeitigen Ablebens erobert.

Doch malthusianische Lehre prophezeite eine Überbevölkerung, so ist es nur verständlich die harmlose, billige, lang haltende Kleidung, Baustoff, beste Öle, leichte Arznei liefernde Pflanze zu verbieten und an deren Stelle tötende und vergiftende Pharma-/Chemieprodukte zu setzen. Wenn man etwas gegen die Überbevölkerung tut, darf man doch auch etwas daran verdienen, oder nicht?

Alle Scherereien und Kriege wegen Öl, das Müllproblem in jedem Land der Erde, Pharmagifte die als Medikamente verkauft werden, jede Art Umweltverschmutzung und Vergiftung, Verseuchung von Feld und Acker, all das und mehr kann direkt auf ein Billionen-Dollar-Kartell und eine Familie hin geführt werden, die wenige Jahre vor dem Hanfverbot ihre dreckige „Arbeit", ihr „Produkt" Öl als Energielieferant, monopolisierte.

Praktisch mit den Abfällen aus Öl nach der Benzinherstellung, wird die Welt seit über 100 Jahren mit Teer, Kunststoff, Pestiziden und tausende Dinge mehr, überschwemmt. In jedem Euro, jedem Dollar den Sie ausgeben, gehen viele Cent direkt und indirekt zu den Inhabern der Ölversorgung.

Hut ab! Das muss man erst mal nachmachen!

Schwer zu sagen, was heute an Wald noch vorhanden wäre, wäre Hanf nicht verboten, gerade dann, als endlich eine ökonomische Maschine zu ihrer Ernte entwickelt war. Und heute, nachdem die Chemie mehr und

118

mehr Anteile an unserer Kleidung erhält, können wir nicht mal eine Hose im Garten kompostieren ohne den Komposthaufen zu ruinieren.

Weltweite Erlaubnis des Hanfanbaus wäre eine schlechte Nachricht für die Öl-, Pharma-, der gesamten Petrochemie, Papierindustrie (aus Holz) und Plantagenbesitzer.

Letztendlich, während weltweit die Landwirtschaft als billige, unterbezahlte Zulieferer für Nahrungsmittelkonzerne, Kleidungsindustrie, Einkaufsgemeinschaften der Discountermärkte geplündert wird, wirtschaftlicher Druck sie zu Monokulturen und entsprechende Pestizid- und Fungizidgifte greifen lassen muss, und diese dann noch zusehen müssen, wie ein Hof nach dem anderen schließt, - würde Hanf weltweit die Bauern plötzlich den gesamten Markt der Chemie, Pharma, Baustoffe, Gewebe/Stoffe und Ölindustrie erschließen!!!

Und schlimmer noch, wenn der Bauer sie anpflanzen darf, so könnte sich der private Nutzer natürlich sein Pflänzchen ziehen und selbst versorgen mit dieser ach so bösen Droge, die ja nur einige tausend Jahre im Gebrauch war. Selbstversorgung ist ein Alptraum dieser Elite, dieser Enteignerjungs!

Auf der Plattform Youtube ist der Film; „Hanf - Auto - Öl - Kleidung - Dynamit - Erneuerbare Energie PUR" zu finden, welcher auch im TV gezeigt wurde, erst im Abspann ist der Titel „Hanf – Das Milliarden-Dollar-Kraut" angegeben. Eventuell finden Sie mit beiden Angaben diesen kurzen 15 Minutenfilm.

Es ist ein Lehrstück darüber, was passiert, sobald finanzielle Interessen auf korrupte Politiker treffen und sich verbünden.

In stark gekürzter Form:

- Tausende Produkte aus Hanf, eines der Außergewöhnlichsten davon ist ein Auto von Henry Ford.

- Dieses wurde 1941 u.a. aus Hanf gebaut, sollte mit Hanföl betrieben werden, dessen „Plastik" u.a. aus Hanf, war leichter als Stahl, konnte 10x mehr aushalten ohne zu verbeulen.

- „Hanf löst auch gesundheitlich viele unserer Probleme, trotzdem wurde es verboten. Unsere Politiker wussten wohl nichts davon, sonst müsste man diese als Geisteskrank erklären es zu verbieten".

- Hanf ist Marihuana. Als es verboten wurde, wurde immer von Marihuana gesprochen, da viele Menschen nicht wussten, das Marihuana dasselbe wie Hanf ist. Sie haben niemanden gesagt, dass sie Hanf verbieten (Täuschung).

- In Frankreich werden Hanfreste mit Kalkzement gemischt und, erstaunlich, die Mischung wird zu Stein welche nur 1/6 des Gewichts von Beton aufweist. Ca. 300 Häuser wurden damit gebaut. Es gibt tausende Vorbestellungen, doch Restriktionen des Hanfanbaus behindern deren Erfüllung.

- Der Stoff aus Hanf ist deutlich reißfester, wärmer und saugfähiger als die beste Baumwolle, trotzdem genauso weich und bequem.
- Kaum jemand weiß, das ursprünglich Levis-Jeans aus Hanf waren.
- Textilfirmen haben Probleme, genügend Hanfstoff für die Nachfrage zu bekommen.
- In Australiens Südosten wären viele Baumwollbauern sofort bereit auf Hanf umzusteigen.
- Die Baumwollindustrie gehört zu den größten Chemiekonsumenten der Welt, gleichzeitig schwanken die Baumwollprofite, wächst die Umweltbelastung von Ernte zu Ernte.
- Viele zu bewässernde Ernten sind sehr stark von Chemikalien abhängig, Hanf braucht wenig bis keine Chemie, was viele Farmer gut finden, da es die Kosten senkt und die Chemiebomben auf die Farmen und Umwelt reduziert.
- Es gab plausible Gründe für den Hanfniedergang, doch heute gibt es nur noch einen: Die Geschäftsinteressen der alten Industrie. Diese wollen kein Hanf-Revival, da diese den Wettbewerb mit dem Öko-Produkt scheuen.
Synthetikhersteller und nicht erneuerbare Energien können in so einem Wettbewerb nicht mithalten.
- In den 30er Jahren hatte die Hanfindustrie mit neuen Erntemaschinen zu einem Hanfcomeback angesetzt, die Zeitschrift „Popular Mechanics" prophezeite dem Hanf eine große Zukunft als Milliarden-Dollar-Kraut als Basis von tausenden von Arbeitsplätzen und einer breiten Produktpalette von Dynamit bis Plastik (aus Hanf).
- Für die Ernte von Hanf wurde eine Maschine erfunden, die ähnlich revolutionär war, wie die Entkörnungsmaschine der Baumwolle. Als diese erfunden war, wurde aus der teuersten Wolle der Welt nur für reiche Leute, zur billigsten Faser die jeder tragen konnte.
- Zwei Monate nachdem die Hanfmaschine erfunden war, wurde Hanf/ Marihuana verboten. Stellt sich die berechtigte Frage, ob es da einen Zusammenhang gibt.
- Zu dieser Zeit machte der Chemiegigant DuPont große Geschäfte mit Chemikalien (Ölprodukt) für die Papierherstellung und investierte in die Herstellung von Synthetikfasern (Ölprodukt), welche Naturfasern völlig ersetzen sollte; eine wiederaufsteigende Hanfindustrie hätte die Gewinne geschmälert. DuPont kam mit Nylon heraus, alles mögliche wurde daraus hergestellt. Nylon gab es nur bei DuPont. Sie hatten das

Weltmonopol.

- DuPont hätte sein Monopol nie halten können ohne den Bankier Andrew Melon, Besitzer der fünftgrößten Bank Amerikas, gleichzeitig Chef des US-Finanzministeriums!!

- In dieser Funktion Ernennung von Harry Enslinger zum Chef der Bundesbetäubungsmittelbehörde (DEA), welcher einen harten Feldzug gegen Hanf/Marihuana führte.

- Melon war nicht nur dessen Boss, sondern auch Verwandter, da Enslinger dessen Nichte geheiratet hatte. Ein recht interessantes Zusammenspiel von Interessen.

- 5 Jahre später, im 2. Weltkrieg, wurden Farmer plötzlich lautstark zum Hanfanbau aufgerufen, „Hanf für Tauwerk, Hanf für Takelage, Hanf für Schuhbänder, Hanf für Fallschirmspringer, Hanf für den Sieg"

- Direkt nach dem Krieg, gingen US-Militärs mit Flammenwerfer gegen Hanfflächen vor, O-Ton Moderator „ Marihuana ist ein Unkraut, verbreitet sich wie Brennesel wenn es einmal keimt, aber die Truppe mit den Flammenwerfern hat die Situation voll im Griff".

- Harry Enslinger brachte diesen Krieg gegen Marihuana bis in die Vereinigten Nationen (UN), dort berief er Reihenweise Tagungen zum weltweiten Verbot.

- In Bangladesh (Übers. „Marihuanalandbewohner") ging die USA unter einen politischen Vorwand hin, um sämtliche Hanfpflanzen auszurotten, welche u.a. die Hügel zusammen hielt und plötzlich wurde das Land überflutet.

- Das Verbot machte Marihuana per Gramm teurer als Gold. Weltweit ist es nun das Milliarden-Dollar-Kraut für kriminelle Imperien geworden, um den prozentual anteilig unbedeutendsten Teil dieser Pflanze als Droge zu teuer zu verkaufen.

- Die Bewegung wäre glücklich, wenn man THC freien Hanf (Nutzhanf) und Marihuana als zwei verschiedene Sachen sehen würde, doch die USA sieht nicht ein, dass man diese Pflanze ohne THC-Gehalt anbauen kann.

Es könnten Papier und Kleidung hergestellt, die Farmer gutes Geld machen, eine ganze Industrie um Hanf herum könnte existieren ohne jegliches THC, doch diese Unterscheidung wird nicht erlaubt, womit offensichtlich wird, das THC nur ein Vorwand ist. In Wirklichkeit geht es um das Hanf.

- Bill Condle, ein Holzhändler (USA): „Wir haben noch keine einzige Antwort auf das Waldsterben, keine einzige Alternative zum weltweiten Kahlschlag. Eine Gruppe sagt, hört auf Bäume zu fällen, die andere sagt, fällen wir sie alle. Dabei ist es ganz einfach. Baum ist Faser, Hanf ist Faser und Hanf ist die viel bessere Faser!!"

- Hans Woldering (Agrarwissenschaftler /Holland): „Wenn Hanfprodukte wie Papierfaser und Ethanol vernünftig vermarktet werden, dann sehe ich klar Hanf als das Milliardenkraut für die Jahrtausendwende"

Ende.

Obiges ist ein Ablauf, im Grunde eine Verschwörung von Interessengruppen zur Beseitigung von Freiheit, von Unabhängigkeit und ein Lehrstück, zu was kriminelle Geldleute so treiben um an Geld zu kommen.

Es ist mit vielen unserer Eliten wohl eine harte Kröte die wir schlucken müssen, zu sehen wie Milliarden bis Billionen von deren Vermögen einfach nur Betrug, vorsätzlicher Betrug, im Grunde durch Verschwörungen gegen die Allgemeinheit, gegen die Menschheit, zustande gekommen sind.

Ich für meinen Geschmack, will nicht wirklich jemanden von diesem Pack kennen lernen.

Wird die wirtschaftliche Praxis in Deutschland, in der gesamten Welt angeschaut, ist folgender Schluss zulässig;

Diese Enteigner, Eliten, Geldleute, Kriminelle wollen Sklaven, sie wollen, dass alles, jeder Tausch ihnen abgibt, jeder Quadratzentimeter Boden von ihnen freigekauft werden muss, jeder zurückgelegte Kilometer ihnen Geld einbringt, und neuerdings jeder Ihrer Bekanntschaften, jede Ihrer Kommunikationen, einfach alles, bekannt, nachverfolgt und bitte, in Geld zählbar und verwertbar ist.

Kein Wohlstand, ohne dass diese daran zuvor und währenddessen verdienen. Kein Fortschritt wo im schlimmsten Fall eine glückliche Gesellschaft entstehen könnte. Glück nur, wenn der spätere Zusammenbruch gewährleistet ist. Wissen nur, solange dieses deren Gewinne erhöht. Recht und Gesetz nur, wenn es deren Eigentum an 99% und mehr aller Vermögen und somit an Produkten, Wohnungen und Ländern gewährleistet. Nur etwas Gesundheit, lieber mehr Krankheit. Endlos so weiter.

Falls es die zurückliegenden Seiten nicht erwähnt wurde, Sie haben es mit angewandten Materialismus, mit verbrecherischen Materialisten, mit Männern so abartig, so unvorstellbar reich, mit Männern, denen als nicht mal 0,5% der Bevölkerung, eher 0,001% die restlichen 99% gehören.

Und es wurde nichts mit Arbeit, ohne Tausch irgendwelcher Erzeugnisse vollbracht!

Fangen Sie da gar nicht erst an, bei sich zu gucken, was oder wie Sie vielleicht ihre Möglichkeiten besser nutzen oder ob Sie mehr Stunden die Woche arbeiten sollten um auch mal etwas wohlhabend zu werden, wenn Ihre Konto jetzt gerade leer ist.

Für den letzten Absatz allein könnten mehrere Bücher geschrieben werden, doch rechnen Sie sich selbst zusammen, was Sie von einer Stunde übrig behalten, wie viel Ihr Chef (wenn es ein Habgieriger ist) zuvor schon abgenommen hat, Minus Zinsen, Minus Entmündigung durch Versicherungen und deren Finanzierung von Fehlverhalten anderer, die nicht mal Ihrer Familie angehören, rechnen Sie dann noch ein zweistelligen Prozentsatz für Energiekosten, und wenn die militaristischen Preußen es mit 15% Staatshaushalt schafften, so können Sie die Differenz zu heutiger Steuer (ca. 30 und höher) auch noch abziehen.

Es war kein Scherz, mit der 5. Stundenwoche. Wir könnten eine Kultur haben, dass Sie keine Lust hätten, in den Himmel oder ins Paradies zu kommen, weil es hier auf dem lütten Planet Erde so gut aushalten lässt. Diese internationalen Sklavenhalter wollen es nicht.

Spekulationsreform

Zinseszins und damit die beschleunigte Geldverteilung von arm nach reich, all die oben erwähnten, zu reformierenden Bereiche, haben gemeinsam, dass es sich im Grunde um Spekulation, um das nutzen von Zeit, das nutzen von Insiderwissen und immer der Besitz von knappen Gütern handelt. Es ist handelt mit Knappheit und erzeugen von Knappheit. Der Geldbesitzer der Zins für sein Geld sehen will, ist, da er erst ab so und so viel Zins bereit ist, es herauszugeben, ein klassischer Spekulant.

Der einzige Bereich, in welchem Spekulation erwünscht, ist jene im Bereich Kunst, dort schadet sie niemanden.

Wenn Spekulanten erlaubt wird zu „arbeiten", so gehen diese bei Ihrer Beschäftigung einfach nur konsequenter Zerstörung nach.

Wenn Soros 1992 eine Milliarde beim Spekulieren gegen das Britische Pfund machte, oder vor einem Jahr beim wetten gegen den Japanischen Yen, oder wie nun diverse Spekulanten gegen die Währungen von Indien, Türkei, Südafrika, und laut einem Artikel vom 8.2.2014, demnächst gegen Ungarn und Russland vorgehen wollen, und der

Gewinn der Spekulanten nicht anderes als Diebstahl ist, was, oder wie sollte da eine Reform aussehen!?

Vielleicht sollten alle Länder der Welt, statt Journalisten kalt zu stellen, schwarze Listen für Spekulanten aufstellen, untereinander verbreiten – und diese Jungs beim Grenzübertritt festnehmen!?

Spekulantentum ist Verbrechertum. Der Hamburger Hausbesitzer, der lieber Häuser leer stehen lässt, als diese zu vermieten um irgendwann den Reibach zu machen, ist nichts anderes, als der internationale Währungsspekulant auf kleinem Niveau.

Keine, Null Produktion. Wenn Gesetze sagen, dass deren Tun legal ist, dann sind diese Gesetze kriminell und vielleicht sollte dort eine Reform anfangen – diese zu ändern.

Man muss nicht auf eine Gesetz warten, um zu erkennen, was kriminell ist.

Im Internet, geben Sie bei Google: „Wem gehört die Welt? Wer beherrscht die Weltherrschaft?" ein, und Sie finden eine Studie von Dr. James Glattfelder von der Eidgenössischen Technischen Hochschule in Zürich, „Ausgewertet wurden 37 Millionen Einzeldaten internationaler Unternehmen und Investoren aus dem Jahr 2007. Die Zahl der multinationalen Konzerne wurde mit 43.060 festgestellt. Als nächster Schritt wurden die Querverbindungen analysiert. Durch sogenannte Holdings und andere Netzwerke ergab sich, dass jeder dieser Konzerne im Durchschnitt an 20 anderen beteiligt ist. Daraus ergab sich wiederum, dass es **lediglich 1.318 Konzerne sind, die den Kern dieser verschachtelten Besitzverhältnisse bilden.**

Doch damit war die Analyse noch lange nicht zu Ende. Auch in diesem „harten Kern" zeigte sich eine Struktur von Querverbindungen.

In dessen Zentrum fanden sich **nicht mehr als 147 Unternehmen**, die meisten von ihnen Banken, die letztendlich 40 Prozent der gesamten Weltwirtschaft kontrollieren. An der Spitze findet sich Barclays PLC mit Sitz in London, gefolgt von Capital Group Companies Inc. und FMR Corporations. Auch die Deutsche Bank, UBS, Goldman Sachs, JP Morgan Chase und Merrill Lynch & Co.

Von den internationalen Medien fand es bis jetzt lediglich Mail-Online der Mühe Wert, den vorliegenden Fakten einen Artikel zu widmen".

Nun geht es hier um Spekulation.

Was meinen Sie passiert, wenn sich irgendeines obiger 147 Unternehmen am Börsenmarkt engagiert, oder die Besitzer?

Nun, Insiderhandel ist strafbar, - sind jegliche Beteiligungen, Währungsspekulationen, Aktienaufkäufe oder Übernahmen, feindliche oder freundschaftliche, dann grundsätzlich als Insiderhandel zu betrachten?

Ist es dann überhaupt noch Spekulation, oder ist der Faktor „Wette/ Glücksspiel" da schon nicht mehr vorhanden und jegliche Aktion ist Anwendung von Wissen ohne Wette und Glück, oberhalb von Spekulation?

Nur, es geht hier nur um Firmen, was ist mit den Besitzern unserer Zentralbanken, über welche all diese Firmen letztendlich ihre Gelder laufen lassen?

Wie könnte also eine Reform von Spekulation aussehen?

Im Grunde, führt man die Geld, Versicherungs/Wohlfahrt, Hanf, Steuerreformen ein, haben diese kriminellen immer weniger zum spekulieren. Spekulation mit Geld, Wetten auf Geld, Anteilen von Firmen werden nur ermöglicht durch Recht und Gesetz, geschaffen von einer verbrecherischen Elite.

Obige Reformen würden diese Spekulanten beseitigen.

Würde es hier um Revolutionen gehen, wäre wohl wirklich die Empfehlung, Recht und Gesetz selbst in die Hand zu nehmen und jeden greifbaren Spekulanten zu verhaften.

Das wäre dann das Gebiet der Rache ohne Ursachenbeseitigung. Nur Tage, Wochen oder Monate später würden andere Verbrecher deren Jobs weiterführen.

Die Ursachen, die Gründe all unserer wirtschaftlichen Schwierigkeiten müssen behoben, reformiert werden. Mit diesen würden wir auch diese kriminellen beseitigen.

Durchführung der Reformen

Jegliche tiefgreifende, grundlegende   Reform versucht etwas zu korrigieren, das mit den derzeit bestehenden Gesetzen im Grunde nicht vereinbar ist. Diese bestehenden Gesetze bestehen überwiegend, um die Enteignergruppen, die Verbrecher und dessen Besitz zu schützen. Dies kann nachgeprüft werden, wenn Sie in Gesetzesbücher schauen. Es betrifft die **grundlegenden Gesetze**, nur zum Teil der ausufernden Vielzahl, welche zum Regeln des Miteinander der Menschen untereinander erzeugt wurden.

Somit ist ein umsetzen obiger Reformen fast schon gesetzeswidrig, da es den von diesen Verbrechergruppen geschaffenen Gesetzen genau entgegengesetzt aufgestellt ist. Unser täglich gebrauchtes Geld z.B. ist ein „gesetzliches Zahlungsmittel". Wir werden gezwungen genau dieses und kein anderes zu benutzen.

- Also macht es wohl am meisten Sinn, diejenigen bezahlten Helfer und Angestellten obiger Gruppen zu „belästigen", indem denen klar gemacht wird, dass diese selbst durch ihre „Arbeit" Ungerechtigkeit durch Anwendung ungerechter Gesetze erzeugen, verursachen oder aufrecht erhalten.

Nun kann man dies einfach mit direkter Kommunikation versuchen, was schwierig ist.

Oder man dreht eine übliche Vorgehensweise der Enteigner um 180 Grad herum und wendet diese an deren bezahlten Helfer und Angestellten an.

Was ist diese **heute** „übliche" Vorgehensweise? Recht und Gesetz auf Papier! Fast schon jedermann wird mehrmals im Jahr per Papier seitens Behörden, Sozialversicherungen, Versicherungen, Banken, - Monopolisten jeglicher Art irgendwie gedroht. „Tun Sie das nicht, droht Ihnen folgendes...", Tun Sie jenes, dann bekommen Sie vielleicht dieses ..."- endlos so weiter.

Es ist nur eine Idee, doch daraus könnte folgendes getan werden:

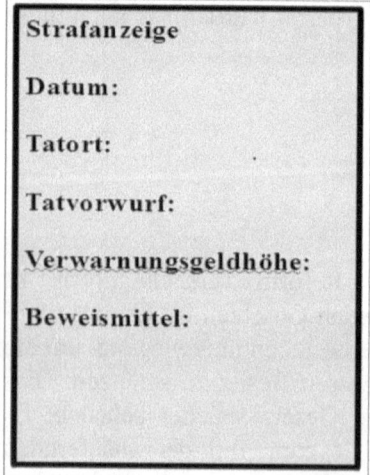

Strafanzeige

Datum:

Tatort:

Tatvorwurf:

Verwarnungsgeldhöhe:

Beweismittel:

Diese oder eigene Kreationen drucken, Ziele (Behörden, Banken, Sozialversicherungen, Versicherungen, Ölfirmen, Chemie, Pharmafirmen usw.) ausfindig machen, und per Post, per Mail, vor Ort

im Briefkasten zukommen lassen.
Ziemlich verrückte Idee.
Man könnte die wie folgt ausfüllen:
Strafanzeige

Datum: __.__.2014

Tatort: Ihre Arbeit.

Tatvorwurf: Sie (z.B. Krankenkasse) helfen aktiv an der Umverteilung von hart erarbeiteten Einkommen durch Zwang, X-hundert Unternehmungen mussten Konkurs anmelden, weil diese Ihre Zwangsforderungen nicht zahlen konnten, Ihre Arbeit ist Entmündigung, indem Sie uns für unser eigenen Geld vorschreiben, was wir damit zu tun haben, Sie finanzieren mit Ihrer Zwangsnachfrage die Pharmamafia, welche allein im letzten Jahr in Deutschland für (aktuelle Zahl eintragen) Tausend Tode durch Medikamente verantwortlich war, usw. usf.

Verwarnungsgeldhöhe: Ihr Gewissen. Sie arbeiten dort.

Beweismittel: Milliardengewinne Ihres, Milliardengewinne der von Ihnen bezahlten Unternehmen (Pharma z.B.), im Gegensatz zu diesem eine breite Verschuldung der bei Ihnen Zwangsversicherten.

Obiges ist nur eine Idee!

Diese baut darauf auf, dass Helfer und Angestellte dieser Unternehmungen i.d.R. nur des Geldes wegen bei solchen Unternehmungen arbeiten und nicht weiter über Arbeit nachdenken.
Zu oft obiger „Strafzettel" in der Post, könnte vielleicht einige Überlegungen im Kopf anstellen, im Idealfall zur Kündigung.
Es ist besser billiger für die Allgemeinheit, jene Helfer und Angestellten mit Sozialhilfe über die Allgemeinheit zu finanzieren, als die Folgen aus deren Arbeit für die Allgemeinheit teuer ist.

- Parallel dazu müssten diese Reformen einfach gestartet werden, wo möglich – ohne den Gesetzgeber zu fragen ob es erlaubt ist oder nicht. Z.B. die Mehrwertreform in diversen Firmen.

- Wenn dann doch rechtliche Interventionen seitens der Gesetzgeber unternommen werden, dann wird es eine Sache der Verantwortung des einzelnen, diese Projekte zu unterstützen und zu schützen.

Dieses Buch ist eine evtl. bessere, komprimiertere Darstellung des Vorgängers „Neue-Weltwirtschaft ohne kriminelle Elite". In diesem Vorgänger sind zusätzlich diverse Kapitel enthalten, wo die Prinzipien näher beschreiben, diverse Folgen des Tun der Verbrecher, etwas Verschwörung und diverse Grafiken.

Wir halten uns für aufgeklärt und modern, doch korrumpierte Wirtschaft betrifft unser aller Leben zu 90 – 95%, in dieser „Wirtschaft" die ihren Namen kaum noch verdient, ist mittlerweile derart viel unvorhersehbares enthalten, dass wir, egal wie aufgeklärt und modern, längst wieder auf Glück, Zufall und Schicksal hoffen.

Glück, Zufall und Schicksal jedoch, sind Rückschritte in die Vergangenheit, fast schon Steinzeit.

Reformen und Grundlagen bezogen auf Zeiten, wo Verbrecher noch nicht das Ruder übernahmen, sind zwangsläufig „Neu", obwohl Sie uralt sind.

Dieses Buch ist einfach eine etwas andere Sichtweise auf die Thematik. Was manche in der Vorgängerausgabe nicht verstehen, würden diese vielleicht in dieser deutlicher verstehen.

Sollte jemand Interesse haben, folgend die weiterführenden Kapitel aus „Neue Weltwirtschaft ohne kriminelle Elite": Süchtig nach schnellen „Lösungen", Schwindel, Steuer ist Formung der Gesellschaft, Pervertierung der Wohlfahrt, Kriminalität, Arbeitslosigkeit, Prioritäten, Ideologien, Hass auf Unternehmer und „soziale Einstellung", oder, wie Unternehmer und Angestellte gegeneinander ausgespielt werden, Konkurrenz, Intelligenz und Arbeit, Mehrwert, Börse - Aktien-Aktiengesellschaften, Vererbung und Dekadenz, Nachrichten über aktuelle Ereignisse, Etwas mehr zu Geld, Banken und Regierungen, Bevölkerungsexplosion, Umweltzerstörung, Mittelstand, Verschwörung, oder doch nur einfache Mathematik und Geometrie?